クリスマスの約束

大嶋重徳

ルカ福音書による37の黙想

教文館

はじめに

クリスマスとは、あなたに対する神の思いが深く現れた出来事です。その思いとは、あなたを愛する愛です。あなたがかけがえのない人であって、そのことをあなたに伝えたいという神ご自身の深い愛があふれた出来事、それがクリスマスなのです。

これまでにもあなたは何度もクリスマスを過ごしてこられたと思います。楽しく喜びにあふれたクリスマスを過ごされたこともあるでしょう。けれども、クリスマスを迎える時期というのは、一年の終わりでもあります。過ぎた一年を振り返ると、心が重く、暗く、悲しくなるという方もおられるでしょう。

この本は「黙想集」です。黙想というのは、黙って静かに思い巡らす時間のことです。自分の人生に起こった出来事の意味を、神との対話の中で考えるのです。英語では meditation もしくは silent meditation と言います。キリスト教の修道会や修道院では、brown study と言われることもあります。この場合の

brown は、「陰鬱な」という意味です。

しかしこの暗く、重く、悲しい出来事の中にも、神がおられて、神が自分の人生に計画を持っておられることに気づくことができるならば、その悲しみの出来事は、神からの深い慰めと大きな喜びとなります。

このクリスマスの期節に、この一年に起こったさまざまな出来事を思い起してみましょう。あるいは今年一年のことだけではなく、あなたの人生に起こったさまざまな出来事を、神との対話の中で思い巡らしてみてはいかがでしょうか。

これから、待降節（アドベント）から公現日（エピファニー）までの37日間を、ルカによる福音書に記されたクリスマスの約束を思い巡らしながら、ご一緒に過ごしたいと思います。待降節とは、イエス・キリストのご降誕を待ち望む期節であり、公現日とは、キリストが全世界の主であることを公に現されたことを記念する日で、西方教会では1月6日に祝われてきました。

それでは、一日ごとに読み進めながら、人生を思い巡らす時を持っていきましょう。そして、ご一緒に喜びのクリスマスを迎えたいと思います。

もくじ

装　丁　後藤葉子
イラスト　近藤圭恵

クリスマスの約束

——ルカ福音書による37の黙想

12月1日

よく分かっていただきたい

ルカによる福音書第1章3－4節

そこで、敬愛するテオフィロさま、わたしもすべての事を初めから詳しく調べていますので、順序正しく書いてあなたに献呈するのがよいと思いました。お受けになった教えが確実なものであることを、よく分かっていただきたいのであります。

ルカによる福音書と過ごすクリスマス黙想の一日目を過ごしましょう。今日読んだ聖書の箇所に「よく分かっていただきたい」という言葉があります。手紙を書く時、私たちは自分の思いを相手によく分かってほしいと願って書きます。自分の想いを伝える手紙ならなおさら一所懸命書くでしょう。書いては破り、書いては破りを繰り返しながら、何度も何度も書き直すのです。相手に確実に分かってほしい。そしてあなたからその手紙をもらった人も「どういう思いでこれを書いたのだろうか」と何度も何度も読み返すでしょう。

この福音書を記したルカも、同じ思いでテオフィロという人物に向けて書いたのです。ルカには、クリスマスにお生まれになったイエス・キリストをどうしても伝えたいという情熱がありました。

ルカによる福音書は「敬愛するテオフィロさま」という献呈の言葉から始まります。このテオフィロという人が誰かは分かっていません。「さま」という言葉には「閣下」という意味もあるので、地位の高い人であることが分かります。テオフィロとは、ギリシア語で「神」を表すセオスという言葉と、「愛する」という意味のフィレオーという言葉が組み合わされた「神を愛する人」という意味の名前です。ギリシアの神々を信じる家庭で育ったのでしょう。

このたった一人の人のために、ルカは福音書を記したのです。

私は礼拝のあとで、こういう感想を聞くことがあります。「先生、今日はまるで私一人のために語られた説教でした」。そのような経験をされたというのです。

もちろん、説教者がたった一人の人にだけ向けて福音の説教を語ることはありません。しかしあなたも、聖書の説教がまるで自分一人に向けて語られた言葉として聞こえてくるという経験をされたことがあるでしょう。

それは、説教において、神が聖霊を通して一人の人に「語り込む」ということが起こっているからです。だからこそ説教者は、心を注いでお一人お一人に向かって、この聖書の言葉を「分かってほしい」と願って語るのです。

今年一年が終わろうとしています。今、この本を手に取ったあなたに、神様はどうしても「分かってほしい」と願っておられることがあるのです。神様があなたの名を呼び、あなたを招き、あなたに今日、語りたいことがあると思っておられるのです。

この一年、あなたにとって「私のために語られた」と思える神の言葉はありましたか。神様は「あなたに分かってほしい」と立ち止まるように、この本をあなたの手元に届けられました。

今静かに、神様があなたに「分かってほしい」と願われていることが何なのかを思い巡らしましょう。ルカがテオフィロにどうしても「分かってほしい」と願ったように、聖書には、他の誰でもない、あなたに分かってほしいと願う神の言葉があるのです。

そのことをしばし考えながら、12月1日を過ごしたいと思います。

12月2日

たった一人のために

ルカによる福音書第1章4節

お受けになった教えが確実なものであることを、よく分かっていただきたいのであります。

ルカはテオフィロという一人の人に向けてこの福音書を記しました。たった一人のために聖書が書かれたのです。このことを考える時に、私たちもまた聖書の言葉を、自分に語られた言葉として読むということが求められています。

テオフィロという人について分かることがあります。「お受けになった教えが確実なものであることを」とあるように、彼はキリスト教信仰の基本的・初歩的な教えを聞いたことがある人です。おそらくこの人は求道者であったのでしょう。教会の交わりの中にも身を置いたことがある人です。ルカともそのような場所で出会ったのではないでしょうか。

けれどもテオフィロは、信仰の基本的な教えを聞き、信仰者の交わりにも身を置きながらも、まだ洗礼を受ける決心ができずにいたのです。信仰の確信を持てず、もう一歩が踏み出せずにいたのでしょう。

ルカによる福音書は、この求道者テオフィロに、「あなたが聞いている事柄が確実なものであることを知ってほしい」と願って記されたのです。洗礼を受けようとしている人に、あるいは洗礼を受けることを迷っている人に、「あなたの信じていることは確かなことですよ」と伝えたいという思いで記されたものなのです。

「確実なものであること」とは、「確かな根拠があること」という意味です。私たちは、どんなに立派な話や感動的な話を聞いても、その話に確かな根拠がないと、簡単には信じられないのです。自分の生活や人生を支えてくれる確かさがなければ、信仰を持つことはできません。

おそらくテオフィロは、そのような思いを抱きながら、心がぐらついたのではないかと思います。

私たちもこのテオフィロの心のぐらつきがよく分かります。なぜなら、私たちもまた心がぐらつくことがよくあるからです。朝、聖書を読み、とても信仰的に恵まれた思いで一日が始まる。家からも颯爽と出かける。しかし、夕方になって家に帰ってくると、昼間に起こったいくつもの出来事が思い起こされてきて、もう心がぐらついている……。礼拝で説教を聞き、その帰り道は心に平安がある。しかし、家に着く頃には、家族や仕事の心配事が頭に思い浮かんできて、もう心がぐらぐらしている……。あなたにもそのような心がぐらつく経験があるのではないでしょうか。

でも、ぐらついてよいのです。ぐらつくからこそ、聖書があるのです。迷ってよいのです。迷う者が確信へと導かれるように記されたのが、このルカによる福音書だからです。

ですから、あなたの心がぐらついたときには、いつも聖書の言葉に立ち戻ってきましょう。絶えず初心に戻って、いちばん大切なものを受け取り直せばよいのです。

あなたには今、救われた時の喜びがあるでしょうか。それがなければ、私たちの信仰はぐらついていきます。けれども、そのぐらつきにも必ず意味があるはずです。

ぐらついたあなたに語りかける神の言葉が今、あなたの目の前にあります。

12月3日

御言葉のために働く

ルカによる福音書第1章1－2節

わたしたちの間で実現した事柄について、最初から目撃して御言葉のために働いた人々がわたしたちに伝えたとおりに、物語を書き連ねようと、多くの人々が既に手を着けています。

ルカはこの求道者テオフィロに、何を伝えようとしているのでしょうか。それは、「わたしたちの間で実現した事柄について」です。「実現した事柄」とは、「起こった出来事」という意味です。何が起こったのでしょうか。イエス・キリストの誕生です。ここでルカがテオフィロに伝えたいのは、自分の個人的な経験や生き方の信念、人生経験から来る苦労話ではありません。イエス・キリストという方を伝えたいのです。

ルカによる福音書があなたに伝えたいのは、この世界に起こったイエス・キリストの出来事です。そしてそれは、すでに起こった出来事であり、多くの人が「目撃して」いることであり、それによって「御言葉のために働いた」人々が起こされた出来事なのです。これまでに何人もの人生を変えた出来事を伝えたいのです。そして、あなたの人生も変わるのだということを伝えたいのです。

また、この「実現した事柄」は、複数形で「わたしたちの間で」起こったことなのだと書かれています。ルカによる福音書が記されたのは紀元八〇年代と言われています。イエス・キリストが宣教の業を始められたのが紀元三〇年頃ですから、それから五十年もの間、教会で伝え続けられてきたのです。

そして、この五十年間に、イエス・キリストを目撃し、御言葉のために働く人々が次から次に起こされていきました。神の言葉を「よく分かっていただきたい」と願う御言葉の奉仕者が起こされてきたのです。

四つの福音書のうち、最初に書かれたのはマルコによる福音書です。ルカもこのマルコによる福音書を読んだはずです。他にもイエス様の物語を語る語り部のような存在が、ルカにも話を聞かせてくれました。そのように、「御言葉のために働いた」存在が、ルカの周りにもいてくれたのです。

先日の礼拝で、体調がすぐれないお連れ合いのために、説教ノートを取っている男性がいました。家に帰って、そのノートを開いて、説教の恵みを分かち合っているそうです。ここにも「御言葉に仕える人」がいるのです。

ルカは「わたしたちの間で実現した事柄」と書きました。これは、今は自分とテオフィロとの間は、伝える者と伝えられる者という、「私とあなた」という関係だけれども、いずれの日にはその関係が、御言葉の恵みを共に分かち合える「わたしたち」という関係になるはずだと考えているからです。

あなたにも、御言葉を「よく分かっていただきたい」と必死になって伝えてくれた人がいたのではないでしょうか。今度はあなたがその番です。あなたもまた「御言葉のために働く」人になれるのです。

イエス・キリストとの出会いは、神があなたに実現された信じるに足る歴史的な事実です。そしてあなたからまた、この歴史的な事実が伝わっていこうとしているのです。

あなたが一緒にクリスマスの礼拝に出たいと願う、あなたにとってのテオフィロは誰でしょうか。あなたに「実現した」イエス・キリストの物語を、今度は誰に伝えるようにと、神は願っておられるのでしょうか。思い巡らしてみましょう。

12月4日

情熱にあふれた言葉

ルカによる福音書第1章3節

わたしもすべての事を初めから詳しく調べていますので、順序正しく書いてあなたに献呈するのがよいと思いました。

ルカは膨大な文章を福音書に記しました。そのためにルカは「詳しく調べ」ます。「詳しく」とは「綿密に」という意味です。細かく調べ、順序正しく書こうと思ったのです。実は、ルカはイエス・キリストに直接会ってはいません。直接会ってもいない人のことを、どうしてこんなにも詳細に書くことができたのでしょうか。

ルカには、パウロという人との出会いがありました。パウロ先生がルカに向かって一所懸命、福音を伝える奉仕をしてくれたのです。その伝道を通して、ルカもまたイエス・キリストと個人的に出会うことができたのです。この福音がもたらす救いにあずかったのです。

それに加えて、マルコによる福音書をはじめとする、「御言葉のために働いた人々が……物語を書き連ねようと」既に手を着けていた文書がありました。さらにはイエス・キリストと出会った弟子たちから、直接話を聞く機会もあったでしょう。

それらの膨大な資料から、ルカは、詳しく、緻密に、順序立てて、この福音書を書いていきました。なぜでしょうか。それは、この主イエスとの出会いがルカの人生を変える情熱的な出来事であったからです。

ルカはこの福音書を書きながら、心が燃えていったに違いありません。このとてつもない作業を嫌々取り組んだとはとても考えられません。なぜならば、私たちがこのルカによる福音書を読み進める時、そこには喜びがあふれているからです。クリスマス物語にも喜びがあふれているのです。

ルカはこの喜びを伝えるためなら、どんな労苦もいとうことはありませんでした。なぜなら、それがルカに与えられた召命であり、神様から託された奉仕だったからです。

あなたの中に今、神への奉仕をいとわない喜びがあるでしょうか。もしかすると教会の奉仕に疲れているかもしれません。もしかすると「御言葉のための奉仕」に疲れているかもしれません。喜びを失ってしまっているかもしれません。クリスマスの礼拝や集会などの膨大な奉仕を前に、心が弱っているかもしれません。

しかし、そんな今だからこそ、このルカによる福音書の記す喜びの知らせを聞きましょう。ルカの情熱あふれる愛の言葉に触れましょう。燃えている人に出会うと、私たちの心もまた燃えてきます。ルカの記す「分かっていただきたい」という言葉は、そのまま神の愛の言葉です。緻密に準備され、情熱にあふれた神の言葉が今、聖書となって、私たちの前にあるのです。

ルカが捕らえられた神の愛は、ルカの人生に喜びを与えました。ルカを元気にしたのです。ルカに情熱をもたらしたのです。

クリスマスの奉仕を始める前に、私たちはこの一年の疲れを神の前に差し出しましょう。このままクリスマスシーズンに入っていってはいけません。眠っても取ることのできない魂の疲れを癒やしてくれるのは、神の言葉だけです。

神の言葉のもたらす安らぎが、あなたをクリスマスの喜びを伝える奉仕に向けて元気づけてくれるのです。

12月5日

故郷への思い

使徒言行録第16章9節

その夜、パウロは幻を見た。その中で一人のマケドニア人が立って、「マケドニア州に渡って来て、わたしたちを助けてください」と言ってパウロに願った。

今日は福音書を記したルカのことを学びたいと思います。

聖書の中にルカの名前が出てくるのはたったの三回です。ルカは使徒でもありません。パウロは彼のことを「愛する医者ルカ」（コロサイ4・14）と記しています。パウロが愛する弟子の一人でした。さらにパウロは、「わたしの協力者たち、マルコ、アリスタルコ、デマス、ルカ」（フィレモン24）と書いており、彼がルカのことを「協力者」「同労者」として信頼していたことも分かります。ルカはパウロの傍らで、共に伝道に励んだ人物でした。

ルカがどこで生まれ、いつ信仰を持ち、どういう生涯を歩んだかということについては、福音書には何も記されていません。ルカは自分のことを書かなかったのです。

しかし、名前は出てきませんが、これはルカのことではないかと思われる箇所が、ルカが福音書の次に書いたと言われる使徒言行録第16章にあります。

アジア州で御言葉を語ることを聖霊によって禁じられたパウロ一行が、トロアスという港までやってきます。この地域で宣教ができないことになり、ここで折り返して、エルサレムに戻る判断をすることも考えられました。

しかし、そこでパウロは幻を見ます。一人のマケドニア人が立って、「マケドニア州に渡って来て、わたしたちを助けてください」とパウロに懇願するのです。マケドニアとは今のギリシアの北の地方です。「ぜひ私たちを助けてほしい。エルサレムへと折り返さずに、船に乗って、アジアからヨーロッパへと来てほしい」と訴えたのです。

パウロはこの幻を見て、ただちに船に乗り、「神がわたしたちを召されているのだ」と確信するに至ります。この時ついに、ヨーロッパ大陸への宣教が始まることになったのです。パウロはギリシアへ渡り、さらには当時の世界の中心、ローマへと向かっていくことになります。

実はこのマケドニア人こそ、ルカのことではないかという推測があるのです。ルカはギリシア人で、どこかの場所でパウロ一行が伝える福音の言葉を聞きました。そうした時、「私のふるさとに来て、伝道してください」とパウロに言わずにおれなかったのではないか。あるいは、昼間にルカがパウロに熱心に「私の故郷のマケドニアにぜひ来てください」と訴えた。するとパウロはその熱気を受けて、夜に夢で幻を見たのではないかという解説も生まれます。あくまでも推測ですが、ルカが「マケドニア人の叫び」に自分の故郷伝道の願いを託したということも、私たちにはよく分かるのではないでしょうか。

私たちにもそれぞれ生まれ育った故郷があります。あなたにも忘れることのできない故郷の景色があるでしょう。時にそれは苦々しい記憶かもしれません。しかし、やはり故郷には、自分の友人や両親、家族、親戚がいます。故郷は特別な場所です。

そろそろ年末年始に故郷に帰る準備を始める頃かもしれません。「マケドニア人の叫び」に故郷伝道の願いを託したルカのように、あなたも年末年始に故郷の大切な人に会う約束をしてみてはいかがでしょうか。

12月6日

使徒言行録第16章10節

私たちの信仰

パウロがこの幻を見たとき、わたしたちはすぐにマケドニアへ向けて出発することにした。

昨日の黙想の中で、ルカが「マケドニア人の叫び」に自分の故郷伝道の思いを託したことを学びました。この推測の聖書的な根拠の一つは、この使徒言行録第16章が「われら資料」と呼ばれる箇所だからです。

実は使徒言行録を読むと、主語が「彼ら」と記されている箇所と、「わたしたち」と記されている箇所があるのです。つまり、「わたしたち」と記されている箇所は、書き手のルカもその場所にいて、一緒に体験をしているということなのです。

この第16章でも、6節では「彼ら」と書かれています。しかし10節に入ると

「わたしたち」となります。つまりここから、ルカがパウロの伝道旅行に加わったのではないかと言われているのです。

マケドニア出身のルカがトロアスの港の近くで信仰を持った。そして、パウロに「どうかマケドニアに来てください」と言ったあと、ルカもまたパウロ一行と一緒にトロアスの港から船に乗り込んだのではないか。そしてここからルカは、「わたしたちは……」と語り始めたのではないか、というのです。

私は、自分のことを何一つ記さないルカが、一人のマケドニア出身の男に自分の姿を託したのではないかという想像は、当たっているのではないかと思います。

私が今牧会している教会は、娘が小学校一年生の時から通うようになりました。娘も息子もこの教会で洗礼を受けました。家族にとって大切な教会です。

数年前の教会総会で、当時の主任牧師の引退が明らかになりました。その後、毎週、礼拝後に牧師招聘のための祈りをささげてきました。さらには、「大嶋先生、祈っています」「大嶋先生、待っています」と言ってくださる方々が出てきました。その言葉を聞きながら、私にはこの教会の方たちのことを、他人事のように「彼ら」とは言えませんでした。すでに鳩ヶ谷福音自由教会は「わたしたち」という存在になっていたのです。ルカの「マケドニア人の叫び」を、パウロと同じように、私もまた聞いたのです。

ルカはテオフィロの傍《かたわ》らに立ちました。テオフィロは洗礼を受けるにはまだ至っていない。キリスト者になろうという決心をするにはもう一歩踏み出せない。テオフィロはどこかでルカに信仰についての悩みを相談したことがあったのかもしれません。ルカはその相談を聞いた時に、「面倒だな」とは思わなかったのです。自分ではない誰かが福音を伝えてくれるだろうとは思いませんでした。テオフィロが信仰を持つことができるようになるために、テオフィロのそばで、この膨大な手紙を書き続けたのです。ルカは一人の求道者の傍らに立ったのです。

あなたにも手紙を書いてくれた人がいるでしょう。悩んだ時に傍らに立ってくれた人がいたでしょう。ルカのような人です。

あなたが今、手紙を書くべき相手は誰でしょうか。傍らに立つべき人は誰でしょうか。「彼ら」ではなく「わたしたち」になりたい人は誰でしょうか。思い巡らしてみましょう。

12月7日 主の傍らに立つルカ

テモテへの手紙二第4章10－11節

デマスはこの世を愛し、わたしを見捨ててテサロニケに行ってしまい、……ルカだけがわたしのところにいます。


今日も福音書を記したルカのことを学びたいと思います。

パウロが書いたテモテへの手紙二にも、ルカの名前が出てきます。けれどもこの箇所には、パウロの悲しみの言葉が記されています。ルカの仲間であったデマスという弟子が、「この世を愛し、わたしを見捨ててテサロニケに行ってしまい、……ルカだけがわたしのところにいます」というのです。

デマスはパウロから「同労者」と呼ばれほど信頼を受けていた人物です。また二人は、パウロから「愛する医者ルカとデマス」と並んで紹介されるほどに愛された弟子でした。二人は同じ頃に洗礼を受けたのかもしれません。教会の奉仕も一緒にしたはずです。そのデマスが突然、自分たちの教会の交わりから離れてしまった。

ルカにとっては大きなショックであったと思います。そしてまた、「見捨てられた」とまで深く傷ついたパウロの悲しむ姿を見て、ルカの心はさらに揺さぶられたことと思います。

こういうことが教会で起こると、私たちは自分を責めます。「自分のあの発言がそうさせたのか？」「自分のあの行動が傷つけたのか？」本当の理由がそうでなかったとしても、そのことを知っておくことができなかった自分を責めます。主イエスは決してその方を救いから漏らさず、その魂を御手の中でしっかりと握ってくださっていると信じながらも、やはり悲しいのです。

どうして私たちは悲しむのでしょうか。それは、教会のかしらである主イエスが悲んでおられるからです。教会の悲しみは、何よりも主イエスの悲しみなのです。ルカは主イエスの悲しみの傍らに立ったのです。

主イエスが最も喜ばれるのは、「ルカだけは一緒にいる」という自分のそばにいてくれる信仰者です。私もイエス様から「重徳だけは私のそばにいる」と言われるとうれしいのです。

ルカが福音書を書いた時に何歳であったかは分かりません。ただ、ルカによる福音書が記されたのは、紀元八〇年代だと言われています。伝説によれば、ルカは殉教の死を遂げることなく、その人生を全うしたと言われています。八十四歳まで生きたという資料や、七十四歳だったという資料もあります。

ルカはさまざまな人生の荒波を通ってきました。けれども、主イエスに出会ってからは、主イエスの心をわが心として生き続けました。ルカの生涯は私たちに、偉大なことや称賛を浴びることよりも、最後まで主イエスと生き続ける幸いを教えてくれているのです。

あなたの教会にも礼拝から遠ざかってしまっている方がおられるでしょう。その方たちのことを祈りたいと思います。孤独にならないように祈りたいと思います。教会を離れたところで罪に陥らないように祈りたいと思います。

教会とは、私たちがもう一人で生きていかなくてもよい場所です。いつも傍らに誰かがいてくれる場所です。教会は自分の傍らにいてくれる人がいることを確認することができる場所なのです。

ルカがパウロを一人にしなかったように、あなたが一人にしてはいけないと思う人は誰ですか。その人の傍らに寄り添う一日でありたいと思います。

12月8日

神が覚えておられる

ルカによる福音書第1章8－10節

さて、ザカリアは自分の組が当番で、神の御前で祭司の務めをしていたとき、祭司職のしきたりによってくじを引いたところ、主の聖所に入って香をたくことになった。

ルカはテオフィロへの献呈の言葉に続けて、いきなり主イエスの誕生のことを書かず、祭司ザカリアのことから福音書を書き始めました。ザカリアに現れた主の天使ガブリエルは、「この喜ばしい知らせを伝えるために遣わされたのである」と言いました。ルカもまた、この「喜ばしい知らせ」を伝えたいと思ったからこそ、ザカリアの出来事から語り始めたのだと思います。

ザカリアの名前は、「神に覚えられている人」「神が忘れてはおられない人」

という意味です。妻のエリサベトはアロン家の子孫でした。名前は「わが神が誓われた」という意味です。由緒正しい家柄のエリサベトと祭司ザカリアの夫婦がいました。

ザカリアは「アビヤ組の祭司」であったと記されています。アビヤは歴代誌上第24章に出てきます。祭司たちは二十四の組に分かれており、その八番目がアビヤ組です。この順番は、ダビデ王の時代にエルサレムに神殿が造られ、そこに仕える祭司の務めを定めた時に、くじ引きで決まりました。この順番がずっと続いていたのです。そして一年に二度、それぞれの組に当番が回ってきました。そしてその組の祭司の誰かが神殿の一番奥の聖所に入って、香をたいて、祈りをする。これをくじ引きで決めるのです。

ザカリアが祭司のしきたりに従ってくじを引くと、その聖所に入って香をたく務めが、なんと自分に当たったのです。

祭司の数は、当時、一万八千人から二万人いたと言われています。その中から一人だけが選ばれて、一日神の前に出て香をたき、祈りをするのです。それだけの人数がいるわけですから、人生の中で一度も聖所に入って香をたくという務めが回ってこない人も出てくるわけです。

ザカリアにとっては、もうこの後の人生で回ってくることがないかもしれない機会が、ついに巡ってきたのです。

彼にとっては、「ああ、神様は私のことを忘れてはおられなかった」ということを実感する時になったことでしょう。妻のエリサベトもこの日を待ち焦がれていたことでしょう。「ああ、神様が誓いを果たしてくださった」と思ったに違いありません。夫婦にとって大切な務めが回ってきたのです。

今年一年の歩みを振り返ってみましょう。あなたには「ああ、神様は私のことを覚えていてくださった」と思う出来事があったでしょうか。神様が祈りに応えてくださった出来事です。

それとも反対に、「神様はもう私のあの祈りを覚えておられないのではないか」と思うような出来事があったでしょうか。けれども、よく思い巡らしてみると、むしろ忘れているのは私たちであることの方が多いのではないでしょうか。実はこの後、ザカリアは自分がかつて神に願ったことを忘れていたことが分かります。

神様は私たちのどんなに小さな祈りも忘れてはおられません。神様があなたのことを覚えて、祈りに応えてくださった出来事を思い巡らしてみましょう。

12月9日

神の介入

ルカによる福音書第1章10－12節

香をたいている間、大勢の民衆が皆外で祈っていた。すると、主の天使が現れ、香壇の右に立った。ザカリアはそれを見て不安になり、恐怖の念に襲われた。

ザカリアは神殿で香をたくことになりました。彼は間違いなく緊張していたことでしょう。神殿の一番奥の部屋で、生ける神の御前に出るのです。興奮もしていたことでしょう。儀式は定められた通りに行わなければなりません。ですから、失敗しないように、何の落ち度もないようにと、心を遣います。ザカリアもまた、おそらく定められた手順の通りにすることに集中していたことでしょう。

ところが、その手順通りにいかなかったのです。邪魔が入りました。「すると、主の天使が現れ、香壇の右に立った」。

目を向けると香壇の右に主の使いが現れました。こんなことは先輩から聞いたこともありません。祭司であるなら、本当ならばいつでもその心の備えをしておかないといけないのかもしれません。しかし、「ザカリアはそれを見て不安になり、恐怖の念に襲われた」とあります。

ここで現れた主の使いはガブリエルです。ガブリエルはさかのぼること五百年前のダニエル書に出てきます。国が罪に陥って、もう神様の救いを与えられないだろうと苦しんだ時代、ダニエルが「どうぞ私たちのこの国を救い出してください」と断食をして祈った時にガブリエルが現れて、「あなたの祈りは聞かれた」と、神様の言葉を伝えたのです。

あれ以来、ガブリエルという御使いは歴史上に現れていません。その御使いが五百年の沈黙を破って、ふたたび「あなたの祈りは聞かれた」とザカリアに伝えに来たのです。

ザカリアがするべきことは、神殿の中で落ち度なく香をたくことでした。しかし、神様の突然の介入があり、ここで自分の予定を狂わされたのです。

「民衆はザカリアを待っていた。そして、彼が聖所で手間取るのを、不思議に思っていた」とあります。そんなに時間がかかったわけでもないでしょう。しかし毎日行われている儀式の時間が滞ったのは分かったのです。一、二分遅れても何かあったに違いないと思うほどの細かい手順が、神殿の儀式にはあったのでしょう。

私たちの人生にも、自分で定めた計画があります。落ち度なく、計画を間違いなく進めることで、安定した生涯を送れると思っています。あなたにもそういう人生の進路や計画があるのではないでしょうか。

ところが、その私たちの人生に、邪魔かと思えるような神の介入があることがあるのです。突然、予定したことが狂わされる。突然、神の語りかけが聞こえてくる。家族の問題、仕事の問題、健康の心配など、突如として自分の計画に変化を求められることが起こります。

この一年の間にも、あなたの計画や予定を狂わされるような出来事が起こったのではないでしょうか。けれども、神様はすべてのことを無駄にはなさらない方です。その出来事にも、神様からの隠された意味と目的があるはずです。

静まって、その意味を神様に問いかける一日を過ごしたいと思います。

12月10日

柔らかな心

ルカによる福音書第1章18節

そこで、ザカリアは天使に言った。「何によって、わたしはそれを知ることができるのでしょうか。わたしは老人ですし、妻も年をとっています」。

ザカリアが神殿儀式を行っている真っ最中に、天使ガブリエルが現れました。ザカリアは祭壇で香をたく手順を止められました。

本来であれば、神殿に仕える祭司にとって一番大切なことは、そこにおられる神のなさろうとしている働きに敏感であることです。香をたく場所に天使が現れても、その存在に対応できる柔らかな心が必要でした。

ザカリアはそこで、天使ガブリエルから思いがけない言葉を告げられます。「恐れることはない。ザカリア、あなたの願いは聞き入れられた。あなたの妻エリサベトは男の子を産む。その子をヨハネと名付けなさい。その子はあなたにとって喜びとなり、楽しみとなる。多くの人もその誕生を喜ぶ。彼は主の御前に偉大な人になり、ぶどう酒や強い酒を飲まず、既に母の胎にいるときから聖霊に満たされていて、イスラエルの多くの子らをその神である主のもとに立ち帰らせる……」。

聖書には「エリサベトは不妊の女だったので、彼らには、子供がなく、二人とも既に年をとっていた」とありますが、結婚当初は子どもが与えられるようにと二人で祈ったことでしょう。けれども彼らは、歳を重ね、もうこの祈りを忘れていたのです。

けれども神様は、この夫婦の若い時の祈りを覚えておられたのです。ガブリエルを通して、ザカリアに「あなたの願いは聞き入れられた」と言われました。ところが、ザカリアは神の突然の介入に不安を覚え、恐怖に襲われました。彼は答えます。「何によって、わたしはそれを知ることができるのでしょうか。わたしは老人ですし、妻も年をとっています」。

ザカリアは恐れの中にありながらも、自分の思いを雄弁に語り始めたのです。「わたしはもう年寄りですし、ことを荒だてたくない。もう長い間、こうやってきたのです。今さらエリサベトに妊娠を告げるだなんて……。妻に何をどのように話せと言うのですか。私には長年築き上げてきた生活があるのです」。

あなたにもかつて祈っていた祈りがあるでしょう。けれども自分の生活のペースができ上がった今になって、その祈りに応えられても困ってしまう。自分のペースに神様の方が合わせてくれないと困る。そして怒り、苛立つことになる。私の都合のよい時にこそ神様には祈りに応えてほしいと思う。

その時、私たちはザカリアと同じように、神様に対して雄弁に話し始めるのです。「私たちの今の生活を荒らさないでください」と。それは、祈りに応える神を愛するよりも、自分の穏やかな生活を愛しているからです。

しかし神様は、あなたのかつての祈りに応えて、信仰の冒険へと踏み出すようにと招いておられます。あなたの若い日の祈りを思い起こしてみましょう。

そして、神様が今、あなたに踏み出すようにと招いておられる新しい変化とは何か、思い巡らしてみましょう。

12月11日

沈黙

ルカによる福音書第1章20節

「あなたは口が利けなくなり、この事の起こる日まで話すことができなくなる。時が来れば実現するわたしの言葉を信じなかったからである」。

ガブリエルの伝えた言葉を信じることを拒んだザカリアに、神は沈黙を強いられました。ザカリアの人生に、神様がもたらされる沈黙が訪れました。あなたは普段、沈黙の時を持っていますか。それよりもむしろ、私たちの日常は自分の言葉と思いに集中しすぎているのではないでしょうか。自分の声しか耳に入れない。自分の理屈しか聞き入れない。自分の常識でしか判断しない。だからこそ、神様は私たちに沈黙を強いられるのです。

礼拝では礼拝者が沈黙する時間が多くあります。祈りと賛美を終えた後の説教はまさに沈黙の時間です。説教者だけが語ります。私たちは過ぎ去った一週間、あまりにも喋りすぎたのです。だからこそ、お喋りをやめ、神様の語りかけに耳を傾けるのです。

説教者もまたそうです。礼拝の説教において説教者は語ります。しかし語る前には、その準備においてひたすら神の前で沈黙する時間を持つのです。神がこの群れに語られることを聞くために、ひたすら沈黙するのです。するとと説教者は、このザカリアと同じように、神様の突然の介入を体験します。その時、私はすべての仕事や予定を取りやめます。教会でやりたいと思っていた計画も取りやめます。人間の言いたい、やりたいことをすべてやめて、主の前で沈黙するのです。

ザカリアは神に強いられた沈黙の中を数か月間経験しました。そしてその間、ガブリエルに告げられた言葉の意味を思い巡らしたでしょう。何度も何度も考えたでしょう。ガブリエルの前で口にしてしまった自分の言葉の愚かさについても考えたでしょう。

やがてエリサベトの妊娠が本当であったことが分かります。しかし、ザカリアの沈黙はまだ継続しました。待ちに待ったわが子の出産の時にも、ザカリアは沈黙していなければならなかったのです。

妻のエリサベトは、マリアの訪問の際には大声で喜びの声をあげました。きっと明るい、優しい、お喋り好きな女性であったのではないかと思います。しかし、夫ザカリアは黙っている。そこで、夫婦二人でただ黙り続けたのです。その沈黙を強いられたところで、どれだけ深く神様の計画を思い巡らしたことでしょう。彼らは神の言葉を噛み締めたのです。

今年、あなたには沈黙を強いられるような出来事があったでしょうか。それは痛みの出来事であったかもしれません。言葉にするのが今でも難しい出来事であったかもしれません。どのように祈ればよいのか、今でもまだ戸惑うような出来事であったかもしれません。

そのような時は、無理に言葉にしなくてもよいのです。明るくふるまわなくてもよいのです。神の前でただただ沈黙するだけでよいのです。沈黙の中で主のなさることをじっと見つめること。それが今、あなたにとって一番大切な祈りの時となるのです。

自分の言葉ばかりを連ねる祈りを止めて、沈黙の中で神の言葉を待つ祈りの時を持ちたいと思います。

12月12日

その時が来れば

「あなたは口が利けなくなり、この事の起こる日まで話すことができなくなる。時が来れば実現するわたしの言葉を信じなかったからである」。

ルカによる福音書第1章20節

ザカリアとエリサベトの夫婦の間に子どもが生まれて、八日目になりました。幼子につける名前を、人々が父親の名前にちなんでザカリアにしようとすると、エリサベトが「ヨハネ」とつけなければならないと言いました。アロン家の血筋であるならば、つけるはずのない名前でした。ずっと前から予定されていた名前とは違います。親戚や近所の人たちからは非難されて当然の名前です。しかし、「この子の名はヨハネ」と書き板に書くと、「たちまちザカリアは口が開き、舌がほどけ、神を賛美し始めた」とあります。

神殿に現れたガブリエルはザカリアに言いました。「この事の起こる日まで」、また「時が来れば」と。ガブリエルの「この事の起こる日」とは、この二人の夫婦が「人間の当然」を選ばずに、神の示された御心を選んだ日でした。そして強いられた沈黙が終わる日が来たのです。

ガブリエルはザカリアに「時が来れば」と言いました。どれだけザカリアはその時を待ったことでしょう。エリサベトと共に喜び、子どもに向かって「愛しているよ」と声をかけられる日をどれほど心待ちにしたことでしょう。特に生まれてから八日間は気が気でなかったでしょう。「子どもが生まれたのにまだその時は来ないのか……」と呆然としたかもしれません。

しかし、約束通りに神の時は必ず来るのです。神様の言葉が実現する時です。沈黙を超えて、必ず「その時」が来る。心からの賛美の歌を歌える日が必ず来るのです。

しかし私たちは、「時」を待つのが下手です。うまく待てないのです。早く実現してほしい計画があるのに、神様はまるで沈黙しておられるように思える。そうすると、神様は一向に私の願いを聞いてくれはしないと思ってしまう。

どうして神様はすぐに祈りを聞いてはくださらないのでしょうか。それは、私たちには時を待つ訓練が必要だからです。

アドベントとは「待望」の時です。つまり、「待つ」訓練の時なのです。アドベントで私たちは「待つ」ということを鍛えられるのです。神が最善の時を知っておられることを知り、神が最善の導きを知っておられることを認める訓練です。そのことを信じる信仰が鍛えられる時です。

アドベントが毎年繰り返されることによって、私たちは神様の導かれる人生が最善であったという経験を重ねさせていただきます。そしてこれからも「神の言葉が実現する」時を数多く経験していくことになるでしょう。

本当は進みたい進路があった。しかし別の進路に進まざるを得なかったということがあるでしょう。けれども、振り返ってみると、「ああ、この進路で間違いなかったのだ」と思える経験を私たちは重ねていくのです。

今、あなたが待つように訓練されていることは何でしょうか。私たちはクリスマスを待ち望みながら、「待つ」ことを鍛えられていきたいと思います。神が祈りに応えてくださる時は必ず来ます。信じて待つのです。

12月13日

ルカによる福音書第1章28－30節

おめでとう、恵まれた方

天使は、彼女のところに来て言った。「おめでとう、恵まれた方。主があなたと共におられる」。マリアはこの言葉に戸惑い、いったいこの挨拶は何のことかと考え込んだ。すると、天使は言った。「マリア、恐れることはない。あなたは神から恵みをいただいた」。

マリアの住んでいたガリラヤのナザレは、エルサレムから一四〇キロメートルほど北上した小さな村で、四百八十人ぐらいの人が住んでいたと言われています。この村で生まれたマリアのことは、村の誰もが知っていました。当時の結婚平均年齢からすると、マリアは十代半ばであったでしょう。そのマリアの人生にとてつもないことが起こります。

天使のガブリエルがマリアのところに来て言います。「おめでとう、恵まれた方」。突然の出来事に、「マリアはこの言葉に戸惑い、いったいこの挨拶は何のことかと考え込んだ」とあります。マリアは戸惑いました。なぜなら、ガブリエルに「あなたは妊娠して、男の子を産む」と告げられたからです。

クリスマスの時期になると、私たちはこの物語を何度となく読みますし、メッセージを聞く機会も多いと思います。美しい物語を想像している方もいるでしょう。

しかし、すでに結婚を約束している女性が妊娠するのです。マリアに起こった事態は、彼女の人生にとってあまりにも最悪の状況です。身の破滅が待っているとしか言いようのない出来事でした。いくら救い主がこの地上に来る必要があったとしても、十代のマリアが引き受けるのには荷が重い出来事でした。ですからマリアは悲鳴をあげます。「どうして、そのようなことがありえましょうか」。

けれども御使いは、「おめでとう、恵まれた方」と言うのです。「あなたは神から恵みをいただいた」と言うのです。

ここにキリスト教信仰の独特な性格が表れています。つまり、「恵みとは何か?」「恵みはどこで受けるのか?」ということです。聖書は、人生で最悪の事態だと思うことの中で、私たちは恵みを受けるのだと語るのです。

天使はマリアに事前調査をしてくれませんでした。「身ごもることになりそうだけどいい?」とは聞いてくれませんでした。「おめでとう、恵まれた方」。この言葉によって事態は突然起こります。起こってしまった事柄の前でそれを受け入れるしかないという、マリアにとってはあまりにも酷い状況でした。

あなたの人生にも少なからず、「なぜ自分の人生はこんな状況になったのだろうか?」と思うことがあるのではないでしょうか。思い出したくもない過去の痛みや、裏切られ、傷つけられた親子関係、友人関係、突然降って湧いたような病、家族の問題……。そしてその多くは何の断りもなく、突然起こります。

そこに「神の恵みがある」「神の計画がある」と言われても、マリアと同じく、「どうして私の人生にこんなことが起こるのだろうか?」「私が何をしたというのか?」と叫びたくなります。

けれどもマリアは、自分では想像もつかない仕方で、神の恵みを受け取っていくことになります。

衝撃のクリスマスの幕開けです。

12月14日

お言葉どおり、この身に成りますように

ルカによる福音書第1章38節

マリアは言った。「わたしは主のはしためです。お言葉どおり、この身に成りますように」。そこで、天使は去って行った。

御使いガブリエルから言葉を聞いた時、マリアの頭に浮かんだのは四百八十人の村人の顔でしょう。当時のユダヤ教の宗教的な倫理に取り囲まれたこの村で、誰もが驚くような大スキャンダルがマリアの身に起こったのです。

さらには、育ててくれた両親の激しい失望も想像したことでしょう。

そして誰よりも早く頭に浮かんだのは、婚約者のヨセフのことでしょう。マタイによる福音書によれば、「夫ヨセフは正しい人であった」（1・19）とあります。ヨセフもまた神を信じる誠実な信仰者です。当然、結婚前の体の関係をまだ持っていない。互いにきよさを求め、忍耐を重ねながら、結婚するその日

を待っていました。

そんな婚約者のヨセフに「今日、天使のガブリエルが現れて、私は聖霊によって身ごもりました」と言っても信じてもらえるはずがありません。確実に誰かとの関係を疑われます。マリアの頭には婚約者ヨセフの苦しそうな顔が浮かびます。「夫になるヨセフから、自分は捨てられるのではないか」と考えたことでしょう。ヨセフに不貞と訴えられれば、自分は石打ちの刑になる可能性があるのです（申命記22・23）。

事実、この知らせを聞いたヨセフは、彼女を去らせようと決めたとあります。しかし、驚くべきことはこの後です。十代のマリアはこの受胎告知を受け入れます。「わたしは主のはしためです。お言葉どおり、この身に成りますように」。

いったい彼女に何が起こったのでしょうか。鍵となる言葉は、マリアが語った「お言葉どおり」という言葉です。

マリアは、ガブリエルの言葉を聞き、この後のマリアの賛歌で、アブラハムについて語ります。彼女はかつて村の会堂で、神がアブラハムとその子孫を祝福し、その子孫から救い主が与えられると約束されたことを聞いていました。

彼女はここで、今やその約束が自分のお腹の中にいる幼子によって成就したと言っているのです。

御使いの語った言葉は、彼女が昔から聞いてきた聖書の預言と一つのことだったのです。彼女は気づいたのです。何度も繰り返し聞いていた聖書の預言物語が、自分の人生に起こったのだと。「ああ、私が選ばれたのか」と、彼女は受け止めたのです。

マリアは旧約聖書を聞きながら育ってきました。ですから、この突然の痛みや苦しみが、聖書の言葉が成就するために必要なことなのだと理解できたのです。

けれども、ここで私たちが目をとめるのは、マリアの信仰のすごさではありません。年の若さも、信仰歴の短さも関係ありません。一人の人の人生を立たしめる、神の言葉のすごみです。預言を成就させる神のすごみです。あなたの人生にも神の言葉が成就します。あなたに与えられた試練としか言い得ない出来事の中で、私たちに神の言葉が実現するのです。

そして私たちも今日、マリアと同じ信仰の言葉を告白することができるのです。「お言葉どおり、この身に成りますように」。

12月15日

信仰の言葉がやってくる

ルカによる福音書第1章23節

「見よ、おとめが身ごもって男の子を産む。
その名はインマヌエルと呼ばれる」。
この名は、「神は我々と共におられる」という意味である。

ガブリエルの言葉を聞いたマリアは、最初「どうして、そのようなことがありえましょうか」と答えました。彼女は戸惑い、苦しんだのです。

私は学生時代、生まれて初めて死にたいと思ったことがありました。そのことをある牧師に話しました。けれども、それでも強がろうとする私は、まるで何か分かったような顔をしてこう言いました。「それでもやっぱり、聖書の言葉は励ましてくれますね」。するとその牧師は言いました。「大嶋、嘘をつくな。人は簡単に聖書の言葉で励まされたりはしない。無理をするな。ちゃんと戸惑え。ちゃんと悲しめ。でもな、最後の最後、人は聖書の言葉以外で立つことはできないんだ」。その言葉を聞きながら、大泣きしたことを忘れられません。

この時マリアは、震えるような思いで、「お言葉どおり、この身に成りますように」と答えました。彼女は小さな幼い信仰で、自分の人生に向き合おうとしたのです。聖書を読み、聖書から自分の人生を考えようとしたのです。

私たちは、自分では到底受け止めきれないような出来事に遭遇すると戸惑います。時には問題を先送りにしようとします。しかし、考えないようにしても、先送りにしようとしても、事態は何も変わりません。必要なことは、その問題とどのように向き合うかということです。

マリアは幼い心で向き合いました。たとえ愛するヨセフを失うことになったとしても、家族から見捨てられたとしても、石打ちの刑に遭い、命を落とすことになったとしても、聖書の言葉が自分に成就しようとしていることを知り、「お言葉どおり、この身に成りますように」と答えたのです。自分の人生に、神の言葉がその通りに成るようにと、願ったのです。

これは安易な神頼みではありません。むしろ、マリアはきちんと戸惑いました。きちんと苦しみ、きちんと嘆いたのです。聞き分けのよい信仰者になることを、神は求めてはおられないのです。「どうして、そのようなことがありえましょうか」と、マリアのように戸惑い、叫び、嘆いてよいのです。

信仰の言葉がやってくるのはその先です。その先に、共にいてくださる神の姿が見えてくるのです。自分よりも叫び、心配し、私の人生に本気になってくださる神様がおられることに気づくのです。

もう一人、この出来事に苦しんだ人がいました。婚約者のヨセフです。彼も苦しみました。彼女と「ひそかに縁を切ろうと決心した」（マタイ1・19）とありながら、思い迷ったのです。

迷いのただ中で、ヨセフもまた主の天使を通して、神の言葉に出会います。マリアのお腹のいのちは「インマヌエル」と呼ばれ、すべての人を罪から救う救い主だというのです。マリアを受け入れることのできない自分の愛の足りなさをも救う方が、マリアのお腹の中にいる。そのいのちこそ「神は我々と共におられる」という名を持つ神だと知ったのです。

ヨセフはこのいのちとマリアを受け入れました。聖書はあなたに、自分の嘆きときちんと向き合うようにと導きます。

それは、やがてその先に信仰の言葉がやってくるからです。

12月16日

信仰の友

ルカによる福音書第1章39－45節

そのころ、マリアは出かけて、急いで山里に向かい、ユダの町に行った。そして、ザカリアの家に入ってエリサベトに挨拶した。マリアの挨拶をエリサベトが聞いたとき、その胎内の子がおどった。エリサベトは聖霊に満たされて、声高らかに言った。「あなたは女の中で祝福された方です。胎内のお子さまも祝福されています。わたしの主のお母さまがわたしのところに来てくださるとは、どういうわけでしょう。あなたの挨拶のお声をわたしが耳にしたとき、胎内の子は喜んでおどりました。主がおっしゃったことは必ず実現すると信じた方は、なんと幸いでしょう」。

マリアの信仰を助けてくれたものは他にもあります。ガブリエルが突然、親戚のエリサベトのことを話し始めたのです。「エリサベトのことは聞いているでしょう?」と言ったのです。

マリアはガブリエルが去って行った後、すぐさま「出かけて、急いで山里に向かい、ユダの町に行った」とあります。この「急いだ」という表現に、一人ではいられなかったマリアの心情が表れています。自分に起こった出来事を一緒に受け止めてくれる人に会いたかったのです。

もしかすると、「お言葉どおり、この身に成りますように」と言った瞬間から、後悔が始まっていたのかもしれません。山地にあるユダの町に行くまでの道のりで、彼女は何度も不安になったことでしょう。マリアは婚約者のヨセフのもとには行けませんでした。自分の両親にも打ち明けられないまま歩き続けたのです。心配で、不安で、怖くて、涙が何度も流れてきたことでしょう。

そして辿り着いたのがザカリアの家です。すると、親戚のエリサベトが大声をあげて迎えてくれたのです。「あなたの挨拶のお声をわたしが耳にしたとき、胎内の子は喜んでおどりました」と。エリサベトが大喜びで受け入れてくれたことに、マリアの不安な心はどれだけ安心したことでしょう。

マリアは三か月ほどエリサベトのところに滞在してから、自分の家に帰っていきました。彼女が自分に起こった出来事をきちんと受け止められるようになるには、三か月の時が必要だったのです。そして、自分の人生に起こった出来事を神の恵みとして受け止めるためには、信仰者の交わりが必要だったのです。

あなたのそばにも、あなたと同じような経験をしたことのある信仰の先輩がきっといてくれるはずです。自分では受け止めきれない出来事に遭遇した時に、「私も同じ経験をしてきたよ」と言って受け止めてくれる信仰の先輩です。

エリサベトの「主がおっしゃったことは必ず実現すると信じた方は、なんと幸いでしょう」という言葉に、マリアはどれほど慰められたことでしょう。

あなたにも信仰の友がいるでしょう。あなたの信仰を励まし、あなたに起こった出来事を理解してくれる人です。私たちには、困った時、悩んだ時に、「祈ってほしい」と正直に言える人が必要なのです。

もし、「祈ってほしい」と言える友がいないのなら、神様に「信仰の友を与えてください」と祈りましょう。与えられたら、マリアのように自分から心を開いて駆け寄るのです。私たちは一人で信仰の決断ができるほど強くありません。主にある交わりが必要です。あなたに信仰の友が与えられますように。

12月17日

わたしは主のはしためです

ルカによる福音書第1章38節

マリアは言った。「わたしは主のはしためです。お言葉どおり、この身に成りますように」。そこで、天使は去って行った。

マリアの信仰を支えたものがもう一つあります。それはガブリエルが言った「主があなたと共におられる」という言葉です。

マリアの心には、さまざまな思いが去来し、大声で怒り、叫び、神様に問い詰めたい思いがあったことでしょう。何をどう考えてよいのか分からないことだらけです。「なぜ自分なのか？」「なぜ今なのか？」

しかしただ一つ、彼女には分かっていることがありました。それは、この出来事のただ中には、主が共にいてくださるということでした。今ここに、神様が共にいてくださるのだ。自分が悪いからこうなったのではない。何かの罪の裁きの結果こうなったのでもない。今の状況は神様のご計画で、神様がこの事態のただ中におられる。この信仰がマリアを支えたのです。

マリアは最初から最後まで、神様が共にいてくださるという平安に支えられていたのではないかと思います。

「主が共にいてくださる」という事実が、彼女の心に湧き上がる、すべての「どうして？」「なぜ？」という問いを胸の内にしまわせたのだと思うのです。

そしてマリアは言うのです。「わたしは主のはしためです。お言葉どおり、この身に成りますように」。「はしため」とは奴隷ということです。自分は主の奴隷です、と言ったのです。

私たちもまた、イエス・キリストの十字架の血潮によって買い取られた、主のはしため、主の奴隷です。私たちはそれほどに愛を注がれた存在なのです。ですから、誰が私を見捨てようとも、誰が私を理解できないと言おうとも、主は私と共にいてくださると安心することができるのです。そして、この平安の中で、私たちは嘆きや問いを静かに胸にしまうことができます。

その後、神様はマリアの夫となるヨセフのもとにも天使を送ってくださいました。そこでマリアを受け止めることができるようにヨセフを突き動かしたのも、同じ言葉でした。「インマヌエル」「神は我々と共におられる」という言葉です。

マリアはこの後も、人間的に見ると不遇の人生を送ります。イエス様の少年時代以降、夫のヨセフは福音書に出てきません。おそらく彼は早くに亡くなったのだろうと言われています。息子イエスは三十三歳で十字架につけられます。

しかし彼女は、生涯をかけて「お言葉どおり、この身に成りますように」という信仰の告白に、自分の人生の土台を置き続けました。神の言葉がこの身に成ることを願う人生。この信仰の言葉を、彼女はこれからも何度も言うことによって、自分の人生を生き抜いていったのだと思います。

「お言葉どおり、この身に成りますように」。なんと深く、なんと信頼に満ちた信仰の言葉でしょうか。私たちもまたこの信仰の言葉を言いうる者にされた一人です。

この信仰の言葉を何度も何度も繰り返しながら、待降節を過ごしていきたいと思います。

12月18日

賛美は意思

ルカによる福音書第1章47節

「わたしの魂は主をあがめ、
わたしの霊は救い主である神を喜びたたえます」。

ルカによる福音書のクリスマス物語には、ザカリアの賛歌とマリアの賛歌、そして羊飼いに現れた荒野の天使の賛美が描かれています。ルカ福音書のクリスマス物語には賛美があふれているのです。賛美があふれる喜びの福音書です。しかし、皆さんもご存知のとおりに、クリスマスの賛美は明るい曲調のものばかりではありません。驚くほど悲しみに満ちたものもあります。

それらの曲調には、私たちの心の闇、そして世界の闇が表されています。しかしその暗い曲調で歌いながら、その場所にクリスマスの光が射すのを待つのです。喜びが爆発するその瞬間です。花火が天高くにシュルシュルと上がっていく静けさの先にある、光の爆発を待つのです。

ザカリアの賛歌の前にも、彼の長くつらい沈黙がありました。マリアの賛歌の前にも、マリアの叫びとエリサベトを頼らざるを得ない不安がありました。

しかし、ザカリアの長い沈黙を打ち破って、ザカリアの唇に生まれたのも賛美でした。「すると、たちまちザカリアは口が開き、舌がほどけ、神を賛美し始めた」。沈黙から賛美が生まれました。長い沈黙の期間を打ち破って、ほとばしるように彼の口から出たのは、賛美の歌声だったのです。

私たちも礼拝で同じような経験をします。神の前に誠実に沈黙し、自分に語られる神の言葉を聞いた時、私たちの沈黙していた舌がほどけるのです。礼拝の説教前の賛美と説教後の賛美の歌声は明らかに違います。神の言葉の前に沈黙した時、私たち人間の側の言葉が消え去り、生まれてくるのが賛美の歌声なのです。神の言葉の実現を待望する喜びの賛美が生まれるのです。

ザカリアはこう歌います。「ほめたたえよ、イスラエルの神である主を」。マリアもこう歌います。「わたしの魂は主をあがめ、わたしの霊は救い主である神を喜びたたえます」。ザカリアもマリアも「わが魂よ、主をほめよ」と魂に呼びかけるのです。

そこには、自分が賛美できない状況にあっても、賛美を決して止めないという強い意思があるのです。賛美の歌が唇にのぼってこない時も、魂に向かって呼びかけるのです。「わが魂よ、主をほめよ」と。

神の約束が今実現しようとしていることを、ザカリアもマリアも知っていました。決して諦めることのない神の約束が実現しようとしているから、「わが魂よ、主をほめよ」と歌うのです。たとえ自分の置かれた状況は最悪であったとしても、神の言葉は実現します。ガブリエルはマリアに「神にできないことは何一つない」と言いました。この約束を待ち望む信仰が賛美を生むのです。

ある日の礼拝で、説教後の讃美歌を歌う会衆の顔を見て、私の目から涙が止まらなくなったことがありました。牧師ですから会衆一人一人の置かれた人生の状況を知っています。当然そこには、とても賛美を歌えるような状況ではない方もいるのです。けれども、説教を聞き、その応答として心から讃美歌を歌っている。自分の置かれた状況があるにもかかわらず、主を賛美するその方の顔を見た時に、涙があふれ出たのです。

賛美とは強い意思です。それでもなお主をほめたたえるという、強い意思です。神の約束を待ち望み、賛美の歌を歌う一日となりますように。

12月19日

大いなる方を大いなるものとする

ルカによる福音書第1章47節

「わたしの魂は主をあがめ、
わたしの霊は救い主である神を喜びたたえます」。

マリアは「わたしの魂は主をあがめ」と歌いました。

この「あがめる」という言葉は、ラテン語で「マグニフィカート」と言います。ここではそのもとになったギリシア語の「メガリュノー」という単語が使われています。このメガリュノーという言葉は、「メガ」（大きい）という言葉を語根にした動詞で、「相手を大きくする」という意味になります。ですからマリアが歌った「わたしの魂は主をあがめる」というのは、「私の魂は主を大きくする」という意味になります。

けれども、私たちはむしろ、自分が大きくされることを願うものではないでしょうか。私たちの本当の姿は、神をほめたたえるよりも、むしろ自分がほめたたえられることを求めている。「自分はもっといい思いをしてもいいのではないか」「自分がこんなにも不当な扱いを受けるのはおかしいのではないか」という思いが心を占めるのです。

この時代、私たちは「賛美の戦い」をしているといってよいでしょう。神をほめたたえながらも、結局は自分がほめたたえられることを求めてしまう。それが「賛美の戦い」です。

マリアは続けて歌いました。「主はその腕で力を振るい、思い上がる者を打ち散らし、権力ある者をその座から引き降ろし……」。

このマリアの賛歌から、私たちは今、自分がおごり高ぶっていないかということを問われます。学歴を誇ること、職場での地位を誇ること、他の家族を見下すこと……。いつの間にか権力のある王座に自分が座って、おごり高ぶる喜びに浸ってはいないか。マリアの賛歌はそう私たちに問いかけるのです。

ですから私たちは、「どうぞ神様、私をその王座から引き降ろしてください。思い上がる心を打ち砕いてください」と祈りたいのです。

私は学生時代に、賛美のリードをする奉仕をしたことがありました。若者たちが集まる集会で、説教者に開口一番、「あなたがたは賛美をなんだと思っているのですか？」と問われました。「賛美は自分が気持ちよくなるために歌うものではありません。皆さんは『今、神に従います』という歌詞を歌いましたよね。でも本当に従えるのですか？」。

その集会全体がシーンと静まり返りました。私も震える思いがしました。そしてその説教者は続けてこう言いました。「私たちは神に従うことができない者にもかかわらず、この場所に招かれているのです。この場所で賛美の歌を歌うことが許されているのです。『主よ、こんな者でもいいのですか。こんな者たちの賛美を受け取ってくださるのですか』と、ただひたすら憐れみ深い主だけを見上げて賛美をするのです」。

その後の賛美が静かな、しかし喜びにあふれたものになったことを忘れることができません。

私たちは今、「賛美の戦い」をしているのです。神だけが大いなるものとされるように、心を込めて主にほめ歌を歌いましょう。

12月20日

このはしためにも

ルカによる福音書第1章48節

「身分の低い、この主のはしためにも
　目を留めてくださったからです。
今から後、いつの世の人も
　わたしを幸いな者と言うでしょう」。

マリアが歌う「はしため」という言葉は、「無に等しい者」という意味です。そして「目を留める」とは、「心にかける」という意味です。こちらに顔を向けて、じっと目線を注いでくださるということです。神に目を留めていただく価値のない者に、神が心をかけ、思いを注いでくださっている。神様の気持ちが伝わってくる言葉なのです。

もう一つ、マリアの賛歌の中で心に留めたいのは、「憐れみ」という言葉です。「憐れみ」という言葉は、聖書のいたるところに出てくる神様のご性質です。「変わることのない愛」という意味です。旧約聖書では「真実」「誠実」とも訳されています。あなたを愛すると決めた約束に、神様はいつも真実でいてくださるのです。

私たちと神様との関係は、手をつないでいるようなものです。しかしそれは、一般的な握手のように、片方が手を振りほどいたら離れてしまうようなつなぎ方ではありません。神様は私たちの手のひらではなく、手首を握っていてくださるのです。私が手を離してしまったとしても、神様の側ではその手を離すことはありません。変わることのない憐れみという愛で、私たちをつなぎとめてくださっているのです。

マリアはそのことを感じたのでしょう。神様から目を背けそうになる自分にじっと目線を注ぎ続けてくださる神の愛を感じたのです。神に愛されるのにふさわしくない者が愛されている。そしてそれは神様の側の約束にあるということを思った時に、彼女の口からは賛美の歌声があふれたのです。

また、神の憐れみの手は、人との交わりを通しても現されます。マリアは賛美を一人では歌うことはできませんでした。マリアの賛歌は親戚のエリサベトとの交わりの中で生まれてきたのです。

御使いガブリエルから受胎告知を受け、一人ではいられなかったマリアがエリサベトの家を訪ねた時、エリサベトは大喜びでマリアを迎え入れ、抱きしめました。エリサベトがマリアを抱きしめ、握りしめてくれた手は、どれほどあたたかかったことでしょう。

そのエリサベトの口から神への賛美が生まれます。「あなたは女の中で祝福された方です。……主がおっしゃったことは必ず実現すると信じた方は、なんと幸いでしょう」。聖霊によってマリアに起こった出来事を知ったエリサベトの賛美の歌声が、続くマリアの賛歌を生んだのです。

教会には賛美があふれています。神はイスラエルの賛美を住まいとされる方です（詩編22・3）。賛美のあるところに主は喜んで臨在してくださるのです。だからこそ私たちは歌うのです。このような者の賛美を受け取ってくださり感謝します、と。

この賛美に満ちた人生を歩く時に、あなたもまたマリアと同じように、今から後、いつの世の人にも、「幸いな者」と呼ばれるのです。

12月21日

居場所のない人々

ルカによる福音書第2章6－7節

ところが、彼らがベツレヘムにいるうちに、マリアは月が満ちて、初めての子を産み、布にくるんで飼い葉桶に寝かせた。宿屋には彼らの泊まる場所がなかったからである。

ルカによる福音書第2章は「そのころ、皇帝アウグストゥスから全領土の住民に、登録をせよとの勅令が出た」という言葉で始まります。当時ユダヤを支配していたローマ帝国の皇帝は、支配下にある国々から税金を取り立てるために人口調査をしました。人々は自分の生まれ故郷に戻って登録をしなければなりませんでした。ヨセフも身重になっていたマリアと共に生まれ故郷のベツレヘムに戻りました。

ところが、そのマリアを連れてベツレヘムに着くと、「宿屋には彼らの泊まる場所がなかった」のです。多くのお金を積めば、泊まるところも出産をする場所も確保できたかもしれません。しかし、住民登録でごった返すベツレヘムの町で、口を利いてくれる人もいない貧しい夫婦に、安心して出産できる場所はどこにもなかったのです。

世界で初めてのクリスマスは、この若い夫婦にとっては、居場所のない、寂しい夜でした。しかも、生まれてきたイエス・キリストが寝かされた場所は、馬小屋の飼い葉桶でした。

さて、ルカによる福音書のクリスマス物語には、社会の中で居場所がなかった人たちがもう一組出てきます。それは羊飼いです。「その地方で羊飼いたちが野宿をしながら、夜通し羊の群れの番をしていた」とあります。

当時の羊飼いは、羊を連れながら、荒野と荒地の間にまばらに生えた草を探す、実にタフで、厳しい仕事でした。経済的にも貧しい階層の子どもたちの仕事でした。彼らは親から「羊を飼いに行け」と言われ、家に居場所がありませんでした。彼らは羊を連れて夜通し焚き火をして狼や野犬から羊を守り、自分たちも寒い夜にその火で暖《だん》を取っていました。ですから彼らは、焚き火の煙や羊の臭いが染み込んだ、ボロボロの服を身にまとっていました。

二組の居場所のない人たちが、クリスマスの夜にいたのです。ある学生がこういう話をしてくれました。「本当は一人きりでいる孤独なんて寂しくない。でも、周りにたくさん人がいて、みんな楽しそうに話しているのに、その中で自分の居場所がない、自分はここでは一人なんだと思う孤独は、本当に厳しくて、死にたくなる」。

クリスマスには影があるのです。街に輝くイルミネーションの光のそばには、人間の影があるのです。

イエス・キリストが「居場所のない」人々のところに生まれてくださったということは、この方が居場所のない私たちの気持ちを誰よりも分かってくださる救い主であることを、教えてくれています。居場所のない人間のそばに「神は私たちと共にいる」という、インマヌエルなる神が共にいてくださる。

神は、街の浮かれたざわめきの中にではなく、居場所のない私たちのそばに来てくださり、「分かるよ。私も同じ経験をしてきたから」と言ってくださいます。そして、「大丈夫。私があなたと共にいるから」と言ってくださる。それがクリスマスなのです。

12月22日

飼い葉桶という奇跡

ルカによる福音書第2章10－12節

天使は言った。「恐れるな。わたしは、民全体に与えられる大きな喜びを告げる。今日ダビデの町で、あなたがたのために救い主がお生まれになった。この方こそ主メシアである。あなたがたは、布にくるまって飼い葉桶の中に寝ている乳飲み子を見つけるであろう。これがあなたがたへのしるしである」。

当時の羊飼いは、経済的にも貧しい階層の子どもたちの仕事だったと言われています。彼らが当時のイスラエルの社会の中で差別を受けていた理由の一つは、羊を飼うために安息日を守らなかったからだと言われています。

その羊飼いのもとに、天使がメシア（救い主）が生まれたことを知らせに来ました。しかし、彼らは恐れます。驚いたわけです。現代で言うなら、どこにも居場所のない高校生たちがコンビニの前にたむろしているその前に、いきなり天使が現れたような状況です。

その時、天使は羊飼いたちに、「わたしは、民全体に与えられる大きな喜びを告げる」「あなたがたのために救い主がお生まれになった」と告げたのです。

しかし、安息日に会堂に行くこともない羊飼いたちは、別にメシアの到来を待ちわびていたわけではありません。自分の親には「会堂へ行きなさい」と言われるよりも、「羊の番をしておけ」と言われて育ってきたのです。ですから天使に、「『あなたがたのために救い主がお生まれになった』って言われても……。オレたち全然待っていませんけど！」と思ったに違いありません。

しかし天使の言葉の中で、彼らの心に響いた一つの言葉がありました。それは「飼い葉桶」という言葉です。もしもこれが「救い主は〇〇さんという大金持ちの家に生まれた」とか、「〇〇という高級ホテルで生まれた」と伝えられたら、羊飼いは探しに行かなかったでしょう。いや、行けなかったはずです。

なぜなら彼らは、煙と羊の匂いが染み付いたボロボロの服を着ていたからです。そんな場所で救い主が生まれていたとしたら、彼らは入っていけなかったのです。「おい、羊飼い。なんでここに入ってきたんだ。出て行け。ここはお前たちの来る場所じゃない」。そう言われるのが落ちでした。

しかし、飼い葉桶が置かれた馬小屋は、自分たちの服を着替える必要のない場所でした。ありのままの姿で入って行ける場所だったのです。飼い葉桶の匂いは、彼らの服と同じ匂いだったのです。

12節に出てくる「しるし」という言葉は「セーメイオン」というギリシア語で、「目印」「合図」という意味がありますが、それと同時に「奇跡」という意味もあります。まさに、「飼い葉桶で救い主が生まれた」という言葉が、彼らの心に奇跡を起こしたのです。

彼らは天使の歌声を聞いた後、「さあ、ベツレヘムへ行こう。主が知らせてくださったその出来事を見ようではないか」と言って出かけていきます。今までは安息日も守らず、神にも関心がなかった羊飼いたちが立ち上がったのです。それは、羊飼いたちがこの知らせを自分のために語られた言葉だと受け止めたからです。これこそクリスマスの奇跡です。

今日も神様はあなたの心に奇跡を起こそうとしておられます。あなたは神の御子と出会う準備ができているでしょうか。あなたがありのままの姿で行くことのできる場所で、救い主があなたを待っておられるのです。

12月23日

乳飲み子を探し当てた

ルカによる福音書第2章15－16節

天使たちが離れて天に去ったとき、羊飼いたちは、「さあ、ベツレヘムへ行こう。主が知らせてくださったその出来事を見ようではないか」と話し合った。そして急いで行って、マリアとヨセフ、また飼い葉桶に寝かせてある乳飲み子を探し当てた。

羊飼いが急いで向かった先で、彼らは「乳飲み子を探し当てた」とあります。「探し当てた」と簡単に記されていますが、その途中にはいろいろなことがあったと思います。飼い葉桶は当時のどこの家庭にもありました。今のようにスマホがあるわけではありません。彼らは「あっちかな?」「違う、違う。こっちだよ」などと言いながら、相当な時間をかけて探したはずです。時には「なんだ羊飼い、入ってくるな!」と言われたこともあったでしょう。きっと羊飼いの中にも「もう帰ろうよ。疲れたよ……」と言った人がいたでしょう。

この羊飼いの姿から「信仰」について考える時、「探し当てた」という言葉がとても大切なのだと思います。神様と出会う時、必ず人は迷うし、悩むのです。天使が羊飼いの前に救い主を連れてきてくれれば、話はもっと早くすんだでしょう。しかし神様は、私たちが救い主を探す時間をむしろとても大切にしておられるのです。

この本を読んでおられるあなたにも、「もう無理だ。神様を信じることは諦めよう」と思うことがあったかもしれません。しかし、クリスマスに生まれた救い主は、確かにこの地上にお生まれになりました。いるかいないか分からないような方ではありません。私たちが探し始めると、そこで「探し当てる」ことができるのです。

羊飼いたちが探し当てた救い主は、乳飲み子でした。生まれたての赤ちゃんだったのです。赤ちゃんは無力です。小さな存在です。もし救い主が初めから三十歳ぐらいの姿で登場したら、羊飼いは中に入れないどころか、救い主に近寄ることさえできなかったでしょう。

けれども、赤ちゃんのそばには誰でも近づくことができるのです。抱きかかえることさえできる。イエス・キリストが乳飲み子としてお生まれになったからこそ、子どもでも、大人でも、お年寄りであっても、誰でもよしよしと抱き上げることができたのです。誰もが近づいていける、誰もがそこにいてもよい、あたたかい救いの知らせがここに実現していたのです。

今日も、あなたが救い主を探し求めると、そこで赤ちゃんになってお生まれになったキリストと出会うことができます。抱き上げると壊れそうな柔らかさで、無防備にあなたの腕の中に抱かれてくださる、神のお姿があるのです。あなたの腕にご自分の子を委ねられた神の信頼がそこにはあるからです。クリスマスはあなたを信頼する神の愛のあふれた瞬間です。

あなたには自分を信じられない時があるでしょう。今年一年を振り返っても、自分を信じられないような迷いや悩みの中を歩んできたことがあったかもしれません。

しかし、神はあなたを信じてくださるのです。あなたが神を見つけるまで、神は飼い葉桶の中であなたを待っていてくださるのです。

12月24日

心の飼い葉桶

ルカによる福音書第2章15－16節

天使たちが離れて天に去ったとき、羊飼いたちは、「さあ、ベツレヘムへ行こう。主が知らせてくださったその出来事を見ようではないか」と話し合った。そして急いで行って、マリアとヨセフ、また飼い葉桶に寝かせてある乳飲み子を探し当てた。

羊飼いたちは飼い葉桶に寝ている救い主を探し当てました。キリストは家畜小屋でお生まれになり、そこにあった飼い葉桶で眠っておられました。キリストが寝ておられた飼い葉桶は、自分たちのボロボロの服に染み付いたあの匂いと同じ匂いでした。彼らのいつもの姿で、ありのままの姿で近づいて行ける場所に寝ておられたのです。

神の子は汚く匂いのする飼い葉桶に寝ておられました。このことは私たちに何を教えているのでしょうか。

実は私たちの心の中は、この飼い葉桶のように汚れているというのが本当ではないでしょうか。誰にも見せることのできない「心の飼い葉桶」を私たちは持っています。あまりにもきたなく汚れ、きつい臭いを発している心の飼い葉桶を持っているのです。

しかしキリストは、その汚れた心の飼い葉桶の中に来てくださったのです。キリストは、あなたの飼い葉桶の中で、誰にも言うことのできないあの場所で、あなたと出会おうとしておられます。

地上に生まれたキリストは、人間的に着飾ったところにお生まれになったのではありません。クリスマスは、華やかな街の中でイエス・キリストに出会う日ではないのです。

クリスマスは、あなたの心の飼い葉桶に来てくださったイエス・キリストに出会う日なのです。イエス・キリストは、あなたのだめな心、罪に汚れた心、不甲斐ない信仰のただ中に来てくださるのです。

このイエス・キリストに出会った時、私たちの心の飼い葉桶に、光が射すのです。私たちが、人の目から隠して、自分でも見ないようにしていた闇のような場所に、光が射し込んでくるのです。

イエス・キリストはやがて十字架にかかり、私たちの罪をすべて背負い、私たちが着るべきはずの羊飼いのようなボロボロに汚れた布をその身にまとい、十字架で死なれました。そのことによって私たちの罪は赦されたのです。私たちの心の飼い葉桶を新しく、きよくしてくださったのです。

それだけではありません。イエス・キリストは復活し、今も私たちと共にいてくださいます。キリストに贖われたはずの自分を今も汚し続ける私たちのために、キリストは共にいてくださるのです。そのような汚れたあなたを知っていてなお、「私はあなたを愛する」「私はあなたを見捨てはしない」と言ってくださるのです。

ここに、クリスマスの影を光で覆う、喜びの知らせがあるのです。この喜びに、今日は一日浸りたいと思います。

今日の夜は、多くの教会でクリスマスイヴの燭火礼拝がもたれます。あなたも礼拝に行ってみませんか。

12月25日

光の輝きを

ルカによる福音書第2章20節

羊飼いたちは、見聞きしたことがすべて天使の話したとおりだったので、神をあがめ、賛美しながら帰って行った。

クリスマスおめでとうございます。

クリスマス礼拝に行くと、私たちは礼拝堂を照らすろうそくの光に顔を照らされます。光の前に立ち、光に照らされる経験をします。

クリスマスの夜、羊飼いたちも光の中に立ちました。彼らは荒野で野宿をしながら、羊の番をしていました。すると天の使いが彼らのところへ来て、主の栄光が周りを照らしたのです。

突然、彼らは光に包まれました。この光に彼らは最初、恐れました。神の放たれる光の中に立つ時、それはまるで人間の抱えている闇の部分まで照らされるような思いがするのでしょう。見透かされているような気がするのかもしれません。

しかし、その光は優しい光でした。「あなたがたのための救い主」の誕生を知らせる光だったのです。そしてやがて、その光が夜空いっぱいに広がったのです。御使いと共に天の軍勢が現れて神を賛美しました。「いと高きところには栄光、神にあれ、地には平和、御心に適う人にあれ」。まさに羊飼いが見ている世界のすべてを光が照らしたのです。羊飼いの頬を光が照らしたでしょう。

イエス・キリストは「わたしは世の光である」（ヨハネ8・12）と言われました。闇のように思える私たちの世界に、光となって来てくださいました。

大切なことは、その光なるキリストはすでに来られたということです。闇はこれからも闇であり続けるでしょう。しかしそこで私たちが耐え忍ぶことができるのは、闇の中に光であるキリストをすでに見出すことができるからなのです。

今年のクリスマス、あなたの目をじっとこらして見てください。光であるキリストはあなたのそばにすでに来ておられます。その光はすでに輝いているのです。あなたの閉じてしまっている目を開けるならば、そこに「わたしは世の光である」と言われるキリストが、あなたの人生の光として、目の前に立っていてくださるのです。

そしてその光である主は、「わたしについて来なさい」（マタイ4・19、マルコ1・17）と言われます。そうすれば、あなたも光の中を生きることができる、と告げてくださっているのです。

御使いが天に帰った後、この光の中に立たされた羊飼いたちは、光の源を探しに出て行きました。そして羊飼いは光を見出しました。それを目にした羊飼いは光の中での出来事を、ヨセフとマリアの貧しい夫婦に伝えました。クリスマスの知らせを最初に人々に伝えたのは羊飼いでした。光の中に立った時に、彼らはその光を伝える、輝く存在となったのです。

あなたもクリスマスの光の中に立つ時に、羊飼いのように光り輝く存在となります。光なるキリストがあなたと共にいてくださる時、あなたもまた世の光となるのです。やがてなるのではありません。すでにあなたは光なのです。あなたが誰かの光となっているのです。それは、キリストの誕生を知らせる光があなたを包み、その光があなたのうちにとどまるからです。クリスマスの輝きは、あなたの人生の輝きそのものとなるのです。

12月26日

つなぎ合わされる

ルカによる福音書第2章18－19節

聞いた者は皆、羊飼いたちの話を不思議に思った。しかし、マリアはこれらの出来事をすべて心に納めて、思い巡らしていた。

天使から救い主がお生まれになったと聞いた羊飼いたちは、周囲の人々にそのことを伝えました。ところが聖書には、羊飼いから話を聞いた人たちは「不思議に思った」と書かれています。他の聖書の翻訳では「驚いた」と訳されています。

この反応は、マリアの「心に納めて、思い巡らし」た姿とは対照的です。大きな反応はする。驚いたり、口々に話題にしたりはする。しかし、そのことの意味を問わないまま、次に進んで行くのです。

しかしマリアは、「これらの出来事をすべて心に納めて、思い巡らして」いました。天使のガブリエルがマリアのもとを訪れてから一年ものあいだ、彼女はそのことをずっと思い巡らしていたのです。

「納める」という言葉には、「ものを守る」「大事に番をする」「完全に守る」という意味があります。また「心に納める」という言葉には継続の意味がありますす。ですから、心に納め続けていたということです。マリアはこれらの出来事を心の中でしっかりと番をしながら、一つひとつのことを丁寧に守り続けていたのです。

さらにマリアは、その守り続けていたものを心の机の引き出しの奥底にしまい込むのではなく、それらのことを取り出しながら思い巡らしました。

「思い巡らす」という言葉は、もともと「二つのものを一緒に投げる」という意味です。そこから派生して、「二つのものを比較・検討する」という意味になり、やがて「推論する」「解釈する」という意味で用いられるようになりました。

つまりマリアは、自分が今まで体験してきたことや聞いたことをすべて心の中で大切に守りながら、あれとこれとはどのようにつながるのだろうか、と考えたのです。これまで自分の心では理解できなかったり受け止めきれなかった出来事がつなぎ合わされていくのです。

そして何より大切なことは、自分が体験してきたことの意味が神の言葉とつなぎ合わされていくということです。実際、この箇所を「考え合わせる」と訳した聖書の翻訳があります。二つの考えを合わせるのです。起こった出来事に対して、自分の考えと神様の考えとをつなぎ合わせていく。「神の言葉」と「現実」とがつなぎ合わされていくのです。

クリスマスを終えました。しかし私たちは、今しばらく黙想を続けたいと思います。キリストが全世界の主であることを公に現されたことを記念するエピファニーの1月6日まで黙想を続けましょう。

キリストがあなたの前に必ず現れて、その意味を明らかにされるその時に至るまで、黙想を続けたいと思います。そこでつながってくるものを神に祈り、問いかける時間を持っていきたいのです。

12月27日

思い巡らす一年、思い巡らす人生

ルカによる福音書第2章19節

しかし、マリアはこれらの出来事をすべて心に納めて、思い巡らしていた。

マリアの身に起こった出来事は、あまりにも衝撃的なことの連続でした。天使のガブリエルの突然の訪問から始まり、自分が聖霊によって身ごもっているという知らせを受ける。エリサベトとの三か月の生活。夫婦二人の貧しく寂しい旅。宿屋に居場所がなく、家畜小屋で息子を産むという悲しさ……。

これらの出来事は、一年前にヨセフと結婚を夢見ていた頃に彼女が思い描いた人生とは、全く違うものであったでしょう。

ここで思い出すのは、「お言葉どおり、この身に成りますように」というマリアの言葉です。神の言葉が自分の身に成る。まさにマリアは、思い巡らしながら神の言葉と現実の生活を「つなぎ合わせ」ていたのです。この静まりの時間を持つことで、彼女の人生は支えられていきました。そうでなければ、自分の人生に起こったことを受け止めきれなかったでしょう。

信仰とは、神様の言葉を聞きながら、自分の見ている現実に思いを巡らせ、一つにつなぎ合わせていくことです。主の日の礼拝で私たちがすべきことをもまた、過ぎ去った一週間の出来事の一つひとつを、きちんと神の言葉と結び合わせることです。

今、あなたの心にかかっている出来事は何でしょうか。それはあなたの人生にとってどんな意味があるでしょうか。また、神はあなたにどのような言葉を語りかけておられるでしょうか。そしてあなたは、どのような決断をするようにと、神様に促《うなが》されているでしょうか。

もしかすると、羊飼いの話を聞いても驚いただけで通り過ぎて行ってしまった人々のように、あなたにも、驚いただけで、その意味を深く問い直さないまま通り過ごしてしまった出来事があったでしょうか。あるいは、心の深くにしまい込んでしまって、そこで自分が神様にどのように取り扱われたのかを考えないまま通り過ごしてしまった出来事があるでしょうか。

私たちは忙しく生活しています。神の言葉と現実の出来事とをつなぎ合わせることをしないままで日々を過ごしてしまっているために、本当はなすべき決断を先送りにしていることがあるかもしれません。

しかし、マリアと同じように立ち止まり、考える時を持つのです。すると、自分の人生に起こったことの点と点が、一本の線となってつながっていくのです。「ああ、この出来事の意味は、あの祈りを神様が聞いてくださったからなのか」と思うことがあるのです。そうする時に、自分が今なすべきことが見えてくるようになります。

神様のなさることを刺繍にたとえた人がいます。刺繍は裏側から見ると、一見、いろいろな色の糸が混ざり合っていて、その柄がはっきりとは分かりません。しかし、表を見ると、そこには鮮やかな柄が描かれています。

「心に納めて、思い巡らす」というのは、人生の点と点を線でつなぎ、線と線をつないで、神様の働かれている面を見させていただく作業なのです。

神様はあなたの生活を良くしてくださるお方です。その神の美しい御業を見出すために、ひと時の静まりの時間を過ごしてみましょう。

12月28日

静まりと分かち合い

ルカによる福音書第2章34－35節

シメオンは彼らを祝福し、母親のマリアに言った。「御覧なさい。この子は、イスラエルの多くの人を倒したり立ち上がらせたりするためにと定められ、また、反対を受けるしるしとして定められています。――あなた自身も剣で心を刺し貫かれます――多くの人の心にある思いがあらわにされるためです」。

マリアはシメオンの預言を聞きます。けれどもその預言は、わが子の祝福とはとても言えない内容でした。シメオンの預言によれば、あなたの息子は「反対を受けるしるしとして定められ」、マリアも「剣で心を刺し貫かれ」るというのです。

マリアは驚いたことでしょう。わが子の祝福を祈らない親はいません。ですから、シメオンの預言の言葉を聞いても、彼女はすぐには受け止めることができなかったと思います。不条理だとさえ感じたのではないでしょうか。けれどもマリアの生涯を辿ってみると、彼女は不条理の点が無数に散らばったような人生を歩んできたと言えるのではないかと思います。

そのような彼女の生涯を支えたのは、静まりと分かち合いです。彼女は不条理な言葉を聞いたり、すぐには理解できない出来事に遭遇した時にも、「すべて心に納めていた」と記されています。

私は毎年、年末のこの時期になると、半日から一日をかけて静まる時間を持ちます。その静まりの時間を持つために、この一年間の予定帳や日記帳、それに説教メモを取ったノートを準備します。

最初は予定帳も日記帳もノートも開きません。何も見ずに、元旦からの一日一日を思い返していくのです。すると、思い出せないことだらけなことに気がつきます。しかし、ゆっくりとした時間を持つことで、少しずつ思い出せることが出てきます。そして、思い出したことを真っ白な紙に書き留めていきます。

次に予定帳を開きます。すると実は深く傷つくことを経験したのに、思い出せなかった事柄があることに気がついたりします。あまりに傷つきすぎて、忘れてしまいたいと思ったのでしょう。

それから日記帳や説教ノートを開きます。そこで自分が何を考え、その時に神様が何を語ってくださったのかを思い起こすのです。そうすることで、神様から語られていた恵みの言葉、慰めの言葉に改めて気づかされていきます。

もう一つは他の人と分かち合うことです。ルカがキリストの誕生物語を他の福音書よりも詳細に情熱にあふれて書くことができたのは、ルカがマリアから直接話を聞く機会があったからではないかと言われています。

マリアは自分の心に納めた出来事を、何度も心から取り出して弟子たちと分かち合ったのです。マリアは、イエス様がお生まれになったクリスマスの出来事を語り、少年時代のイエス様のお姿を語り、そして十字架の死の意味を語りながら、刺し貫かれていた心が癒やされていったのではないかと思います。

あなたにも、自分では受け止めきれていなかった出来事を他の人に話し、他の人の言葉を聞く中で、その出来事に違った光が当てられるという経験をしたことがあるのではないでしょうか。

一年を振り返り、自分に語られた神の言葉を味わい直し、他の人と分かち合う時間を持ってみませんか。

12月29日

聖霊の働きに敏感に

ルカによる福音書第2章25－27節

そのとき、エルサレムにシメオンという人がいた。この人は正しい人で信仰があつく、イスラエルの慰められるのを待ち望み、聖霊が彼にとどまっていた。そして、主が遣わすメシアに会うまでは決して死なない、とのお告げを聖霊から受けていた。シメオンが〝霊〟に導かれて神殿の境内に入って来たとき、両親は、幼子のために律法の規定どおりにいけにえを献げようとして、イエスを連れて来た。

シメオンという人は「主が遣わすメシアに会うまでは決して死なない」と聖霊からお告げを受けた人でした。その日、聖霊が彼にとどまり、「〝霊〟に導かれて」神殿の境内に入って来ました。

「〝霊〟に導かれて」というのは、「聖霊の働きを感じて」「聖霊からの語りかけに敏感に」ということです。シメオンは不思議とも言える聖霊のお告げを受け、そのことを誠実に信じて、聖霊の導きの通りに生きた人でした。

このシメオンのように、神様から不思議な形で約束をいただいたとしたら、あなたはその約束を信じて待つことができるでしょうか。待ち望み続けることができるでしょうか。神様の導き、聖霊の促しに導かれて歩みたいと思いながらも、「いやいや、こういう人は特別な人だから」と冷やかして片付けたくなるのではないでしょうか。

信じて待つことは難しいことです。その理由の一つは、私たちが聖霊の導きよりも自分の経験や感覚を信じているからです。信仰はもちろんある。聖書も読む。しかし、何かを決断しようとする時には自分の経験を優先させてしまう。そして、神の御心を純粋に待ち望む人を見ては、「あの人は熱心だからね」と、どこか冷めた大人のようになってしまう。神様のくださろうとする祝福を待つことを、幼稚なことのように感じてしまうのです。

もう一つの理由は、本当は自分が神様に心から祈り求めていることがあるのに、神様はその祈りに応えてくださらないのではないかという不安があるからです。神に失望するのが怖いのです。その時に自分の信仰が揺らぐことを恐れているのです。

シメオンの物語は、なにも私たちが超自然主義的で常識はずれな、神秘主義者になるべきだと言っているのではありません。

ペンテコステの後、私たちの上にもすでに聖霊が臨まれました。「聖霊によらなければ、だれも『イエスは主である』とは言えないのです」（Ⅰコリント12・3）とあるように、キリスト者が信仰を告白できたのは聖霊の働きによるのです。

そして、イエス・キリストを信じた者たちの上には、今もなお聖霊がとどまってくださっているのです。毎週の礼拝で、あなたが聖書の言葉を神の語りかけとして聞いているのもまた、この聖霊の働きによるのです。

シメオンの姿から、私たちは聖霊の働きを今日も信じて生きているのかを問われています。このシメオンの物語を誰か特別な人の物語として終わらせてはいけないのです。

神は今、あなたに何を告げ、どこへ導こうとしておられるのでしょうか。シメオンのように聖霊の働きに敏感でありたいのです。

12月30日

神のすごみ

ルカによる福音書第2章25節

そのとき、エルサレムにシメオンという人がいた。この人は正しい人で信仰があつく、イスラエルの慰められるのを待ち望み、聖霊が彼にとどまっていた。

シメオンは正しい人で信仰があつく、イスラエルが慰められるのを待ち望んだ人でした。シメオンが待ち望んでいたのは、「イスラエルの慰め」でした。では、シメオンが祈る「イスラエルの慰め」とは何だったのでしょうか。それはイスラエルの国の人々が神によって救われることでした。シメオンは自分のことよりも、この国のために、また慰めを必要とする他の人のために祈ることのできる人でした。

そのシメオンが幼子であるイエス様を抱き上げた時、「この子が自分が待ち望んでいたイスラエルの慰めであったのか」と、震えるような思いにさせられたことでしょう。

けれどもシメオンには、そこでさらに分かったことがありました。それは、自分はイスラエルの人々だけの慰めを待ち望んでいたけれども、この幼子は「万民のために整えてくださった救いで、異邦人を照らす啓示の光」であったということです。世界中の人々に慰めをもたらす救い主であることが分かったのです。シメオンが願っていた祈りを遥かに超えた救い主であることが分かったのです。

しかもこの時すでに、シメオンには見えていたものがありました。お生まれになったイエス・キリストは「イスラエルの多くの人を倒したり立ち上がらせたりするためにと定められ」た方であり、母マリアは「心を刺し貫かれる」と預言しています。

これは十字架の預言でした。シメオンはここで十字架が見えたのです。想像を超えた神の救いの御業が見えたのです。このキリストによって、ユダヤ人だけではなく異邦人までが救われていく姿が見えたのです。

私たちが聖霊に導かれる時、想像を遥かに超えた出来事へと導かれていきます。私たちが祈る時、祈った以上のことを経験します。私たちが待ち望んでいた以上のことをなさる、神のすごみを経験するのです。

それと同時に、あなたが待ち望んでいたことを超えて実現した出来事の背後には、必ず誰かの祈りがあったことも覚えたいと思います。私たちは誰一人として「自分が祈ったから、こうなった」と言うことはできません。なぜならば、祈りの結果は――祈りを聞いてくださった神に栄光が帰されるのと共に――、あなたのために祈ってくれた誰かのとりなしの祈りのおかげだからです。

あなたは祈られていたからこそ、今ここにいるのです。あなた以上にあなたが救われることを信じ、祈っていてくれた人がいたのです。あなたが救われることを、慰めを受けることを、とりなし祈り続けてくれた人がいてくれたから、あなたは今、ここにいるのです。

今度はあなたが、そのとりなしの祈りの輪に加わる番です。今度はあなたが、誰かの慰めのために祈るのです。その時、あなたは自分が祈ったこと以上のことを実現させてくださる神のすごみを経験するでしょう。

12月31日

罪の記憶から赦された記憶へ

ルカによる福音書第2章29節

「主よ、今こそあなたは、お言葉どおり
この僕を安らかに去らせてくださいます」。

シメオンは言いました。「主よ、今こそあなたは、お言葉どおり／この僕を安らかに去らせてくださいます」。彼は「もう私は死んでもよい」と言ったのです。「もうこの人生を終えることに何の悔いも未練もない」「自分は人生を十分に走り抜いてきた」と。

あなたの人生に未練はありませんか。「もっと勉強をしていればよかった」「もっと健康に気をつけていればよかった」と思うことがあるのではないでしょうか。シメオンの人生にも、きっとそのようなことはあったのだろうと思います。自分の人生は後悔し始めたらしきれないぐらい未練に満ちている。

しかし彼は、人生の未練が吹き飛ぶような経験をしました。それがイエス・キリストとの出会いです。シメオンはこの出会いがあったからこそ、自分の人生を「本当にいい人生だった」と言い切っているのです。

なんという幸せな言葉でしょうか。私たちは誰もが「いい人生だった」と言って人生を終えたいと願っています。しかしそれがかなわない。だから自分に言い聞かせるように、人生の成功体験を思い出そうとするのです。けれども私たちは、自分の成功体験を握りしめるだけでは安らかに死ぬことはできません。そこには同時に、罪の記憶があるからです。

その罪の記憶を変えていただけるのが、イエス・キリストの十字架での出来事です。なぜなら、キリストはあなたの人生すべてを台なしにしてしまう一切の罪の記憶を、十字架によって赦された恵みの記憶に変えてくださるからです。

あの十字架の上でイエス・キリストは、「成し遂げられた」（ヨハネ19・30）と言われました。これは「あなたの救いは完了した」という意味です。

この言葉を聞く時に、私たちは何も思い残すことはなくなりました。あとはこの言葉を信頼して生きてよいのです。救いが完了した自分の人生を、精一杯楽しんでよいのです。そして神を愛し、神の言葉に生かされて、精一杯生きたあなたの人生を、神はやがて喜んで迎え入れてくださいます。あなたの人生を造られた神が、「よくやった。良い忠実なしもべだ」とほめてくださるのです。「あなたの人生は本当に良い人生だった」とねぎらってくださるのです。これほど幸せな人生の終わりがあるでしょうか。

このシメオンのように言える人生を、あなたにも送っていただきたいと思います。人生を振り返れば、今もなお悔いが残っていることがたくさんあるでしょう。しかし、それらのことは神様にお委ねしましょう。自分では取り返しのつかないと思う過ちであったとしても、神には取り返すことができるのです。その過ちの責任を自分で負ったまま人生を終えなくてもよいのです。

人生の終わりだけではありません。あなたの今年一年の歩みにも悔いの残る出来事があるでしょう。しかし今日、神様にすべてをお委ねしましょう。あなたは精一杯この一年を生きたのです。あとは神様が責任を負ってくださいます。今すべきことは、この一年の守りを神様に感謝することです。

あなたが神様に感謝したいと思うことは何ですか。すべての栄光を神に帰しながら、あなたに与えられた豊かな恵みを数えながら、与えられたこの一年を安らかに終えたいと思います。

1月1日

歳を重ねる喜び

ルカによる福音書第2章36－37節

また、アシェル族のファヌエルの娘で、アンナという女預言者がいた。非常に年をとっていて、若いとき嫁いでから七年間夫と共に暮らしたが、夫に死に別れ、八十四歳になっていた。彼女は神殿を離れず、断食したり祈ったりして、夜も昼も神に仕えていた……。

新しい年が始まりました。今日からまた新しい心で黙想を続けましょう。今日の聖書の箇所には、預言者のアンナという女性が出てきます。夫と死に別れて、この時には八十四歳になっていました。

ルカによる福音書の冒頭には、エリサベトとザカリア、シメオン、アンナという高齢者が出てきます。ルカが福音書を書き始めようとした時に、イエス様と両親のマリアとヨセフのことだけではなく、その傍らでこの若く貧しい夫婦を励ました高齢の信仰者たちのことを書かずにはおれなかったのです。ですからこのルカによる福音書は、「高齢者の福音書」とさえ言うことができます。

この高齢者たちに支えられながら、マリアとヨセフはイエス・キリストの出産を迎え、子育てを始めていったのです。教会の歴史の始まり、そして世界の救いの歴史の始まりには、このような高齢の奉仕者がいたことを、ルカは私たちに伝えているのです。

私たちは効率や生産性によって存在の価値が計られる社会の中を生きています。「社会の役に立っているか」「家族の役に立っているか」「生産性があるか」ということがいつも問われます。とりわけ私たち日本人は、誰にも迷惑をかけないことが美徳とされてきました。老いて寝たきりになることが、まるで何の役にも立っていないかのように思われる空気が、この国には漂っています。

けれども、神様は何によってあなたの存在の価値を計られるのでしょうか。それは、あなたがそこにいてくれることです。あなたが神様の前に進み出る信仰を一心に見ておられるのです。

長い人生を歩いてこられた方々に神の愛が注がれています。長く歩んできた人生には神様の祝福があふれています。神様は「白髪は輝く冠、神に従う道に見いだされる」（箴言16・31）と言ってくださるのです。

今、日本全国で「教会に若者がいない」と言われています。それは確かに深刻な状況です。しかしそのことによって、教会を守り続けてきた高齢の方々が軽んじられるようなことがあってはなりません。教会の信仰をつなぎ、この街のためにとりなし祈り、そこに住む人々が慰められることを待ち望んでいた人がいたからこそ、教会は次世代にバトンを渡すことができるのです。

教会は、長く信仰を積み重ねてこられた方々によって建て上げられてきました。日本の教会の草創期から、祈り続け、奉仕をし、献げ物をしてくださった方々がいたからこそ、あなたの教会に土地が与えられ、礼拝堂が建てられ、寒い日も暖かく、暑い日も快適に礼拝をささげることができているのです。これは決して当たり前のことではありません。

新しい年が始まりました。私たちはアンナのように長く信仰者として生きてこられた方たちに感謝する者でありたいと思います。高齢の方が孤独になってしまうことのない年の初めでありたいと思います。

世界中の教会が、あらゆる世代が共に生きていく教会でありますように。

1月2日

悲しみを知る人生

ルカによる福音書第2章37節

夫に死に別れ、八十四歳になっていた。彼女は神殿を離れず、断食したり祈ったりして、夜も昼も神に仕えていたが、……。

今日も女性の預言者アンナを描いた箇所から黙想をしたいと思います。

聖書には、女性の預言者が具体的にどのような働きをしたのか、また、「女預言者」とは紹介されていますが、彼女が具体的にどのような預言をしたのかは記されていません。ただ彼女は、「神殿を離れず、断食したり祈ったりして、夜も昼も神に仕えて」いました。「夜も昼も」という言葉は、「生活丸ごとで」という広い意味の言葉です。彼女は人生の丸ごとをささげて、神殿で祈り、神様に仕えていたのです。

アンナが毎日神殿に来ることで、どれだけの人が慰められ、励まされたことでしょう。神殿にいつもいてくれるアンナに、多くの人が相談をし、祈ってもらったのではないかと思います。

アンナは、夫を先に天に送るという人生の悲しみを知っている人でした。この時代に夫を先に天に送り、やもめとして生きることは大変なことです。

パウロはテモテへの手紙一の中で、やもめたちに自堕落な生活をしないようにと戒めています（5・6）。やもめとなり、心の寂しさを紛らわすために家々を遊び歩いたり、道を踏み外した女性たちがいたのでしょう。何人もの夫を持ったサマリアの女性のように、誘惑に晒されることもあったのだと思います。

それだけではありません。夫に先立たれるとたちまち生活は困窮します。

アンナは、同じ経験をした者として、そういうやもめたちの苦労や悩みに寄り添うことができる預言者でした。アンナという名前は「恵み」という意味です。その名前の通りに、彼女は神の恵みの中を生きていく人生を選び取っていきました。それが、神殿に通い、祈り、奉仕をし、イエス・キリストの誕生を伝えるという生き方でした。

夫に先立たれ、悲しみや誘惑に負けそうになったやもめたちは、このアンナの生き方を通して、新しく生きる力を得ていったのではないでしょうか。

アンナには子どもがいたとは記されていません。七年の結婚生活のあいだに子どもが与えられなかったのかもしれません。再婚することも考えられたでしょう。しかし、彼女は残りの人生を、神殿に来る孤独で悩む人のために祈り、慰め、そして神に仕えるために用いたのです。救いを待ち望む人々に寄り添う人生を、神様から託されたのです。

悲しみを知っている人だからこそ、悲しむ者と共に悲しみ、泣く者と共に泣くことができたのです。その悲しみは神様から受ける慰め以外に癒やされないことを知っているからこそ、とりなしの祈りのために自分の生活のすべてをささげたのです。アンナの人生はどれほど豊かなものであったでしょうか。

アンナと同じように、あなただからこそ分かる人の悲しみや痛みがあると思います。あなたの悲しくつらい人生の記憶が、誰かの慰めのために用いられるのです。

今はまだ自分の人生の悲しみの経験が、他の人の慰めに用いられるなんて想像もつかないという方もおられるでしょう。しかし、その意味を受け取るまで、教会の交わりの中で生きてほしいと思います。ある日のある出会いの中で、「ああ、この時のためであったのか」と分かる時が必ず来るからです。

1月3日

八十四歳の奉仕者

そのとき、近づいて来て神を賛美し、エルサレムの救いを待ち望んでいる人々皆に幼子のことを話した。

ルカによる福音書第2章38節

八十四歳という高齢であったにもかかわらず、アンナはさまざまなかたちで神と人とに仕える人生を送りました。

当時のユダヤ人は、朝の九時、昼の十二時、そして午後の三時になると、その都度仕事の手を止めて神殿に行き、祈りをささげていました。アンナは祭司ではありませんから、神殿に泊まるところがあったわけではありません。けれども彼女は、朝の祈りに出かけるとそのまま家に帰らず、午後の三時まで神殿にとどまって、断食し、祈り、神に仕えていたのです。

絶えず神殿で礼拝をささげるアンナの姿に、祭司たちもどれほど励まされたことかと思います。彼女は、駆け出しの新米祭司のおぼつかない奉仕をあたたかく見つめ、何人もの祭司たちを育ててきたのだと思うのです。

私が教会で初めて説教をした時に、「大嶋先生、本当に励まされました。私はこの日まで生きていてよかった」と言ってくださった方がおられました。どれほどつたない説教であったにもかかわらず、どれほど若い説教者であるにもかかわらず、敬意を払い、まっすぐに御言葉を聞いてくださいました。そのような教会の高齢の礼拝者の姿に、若い牧師は育てられてきたのです。

若い伝道者や献身者をあたたかな目で見つめ、励まし、育てることができるのも、さまざまな経験を重ねてきた高齢の方たちなのです。

それだけではありません。教会の中には、高齢の方にしかできない優しい心遣いや他の人にかけられない言葉があるのです。

シメオンが幼子のイエス様を腕に抱き、賛歌を歌った席に、アンナも同席していました。けれども、アンナはイエス様を抱くことはありませんでした。ある高齢の牧師がこの箇所の説教で、「なぜアンナは幼子のイエス様を抱かなかったのかよく分かる」と書いておられました。高齢の自分が抱いて、この子を取り落とすようなことがあってはならないと思ったからだというのです。

そして続けて、「自分は歳を取るまで、このような気持ちは分からなかった」と書いておられました。この言葉を読み、歳を重ねないと分からないことが自分にはあるということを、改めて教えられました。

歳を重ねていくと失っていくものが増えます。健康は失われ、視力や聴力も少しずつ減退していきます。そうすると、その口から不満や愚痴ばかりが出てくる老後になってしまうことがあるかもしれません。

しかしアンナは、動きがゆっくりとなったその唇で人々のために祈りました。その祈りにどれだけの人が慰められたことでしょう。そして幼子である救い主との出会いの喜びを伝えたのです。それは彼女が選び取った人生でした。

八十四歳という高齢になっても祈りに来る。礼拝に来る。雨の日に歩いて神殿に来ることが、どれほど難しいことであったかと思います。けれども彼女は黙々と歩いて神殿に来続けたのです。

アンナは八十四歳の奉仕者でした。あなたは自分の老後を、神様にどのように用いていただきたいと思っていますか。神様はあなたの小さな奉仕を喜んで受け入れてくださいます。

あなたにだけ託された奉仕の業がきっとあるはずです。

1月4日

神と人とに愛された

ルカによる福音書第2章52節

イエスは知恵が増し、背丈も伸び、神と人とに愛された。

聖書がイエス様の幼少期についてほとんど書いていないのは、親としてはありがたいと思います。もしマリアとヨセフの子育てやイエス様の幼少期のことが福音書に詳細に描かれていたら、私たちは自分の子どもを同じように育てなければならないと思ってしまうことでしょう。

ただ、ルカによる福音書には二つの言葉が記されています。一つ目は、「幼子はたくましく育ち、知恵に満ち、神の恵みに包まれていた」という言葉です。もう一つは、「イエスは知恵が増し、背丈も伸び、神と人とに愛された」という言葉です。では、「神の恵みに包まれ」、「神と人とに愛される」子育てとはどのようなものなのでしょうか。

「さて、両親は過越祭には毎年エルサレムへ旅をした。イエスが十二歳になったときも、両親は祭りの慣習に従って都に上った」とあります。

ユダヤ人は過越の祭りの時に、エルサレム神殿に詣でることが求められていました。そのためにヨセフも、毎年エルサレムに出かけていきました。女性は義務ではありませんでしたが、この夫婦の信仰の現れるところであったのでしょう。マリアも一緒に出かけています。

イスラエルでは十三歳で成人とされました。十三歳になると「律法の子」と呼ばれ、神の言葉に従って生きていく者とみなされました。そして十三歳になると、毎年父親と一緒にエルサレム神殿にのぼる義務があり、父親と一緒に神殿の庭に入ることが許されました。

しかし実際には十二歳から律法を守る予行練習が始まりました。ですから、この「イエスが十二歳になったときも」という言葉からは、両親が「律法を守るのは来年の十三歳になってからでいいよ」とは考えずに、早く信仰を持って生きる人生を歩んでほしいと願った熱い思いが現れているように思います。

このあとイエス様は、神殿の境内で律法の教師たちの話を聞き、質問をしておられたとあります。当時、律法学者は、安息日や祭日には神殿の中庭や廊下で人々の質問に答える習慣がありました。十二歳の少年のイエス様は、一所懸命に聖書を学ばれ、質問をし、教わることを大切にされたのです。

教会が大切にしてきたことは、子どもたちの信仰を親と教会とで育んでいくということです。ユダヤ人の会堂でも、子どもたちは両親の間に座ります。両親はその子どもが神殿にのぼる日を迎える時まで、その信仰をきちんと育んでいく責任を負っているのです。

教会は、この神殿で学ばれた少年のイエス様のお姿から、子どもたちに聖書を教えることを大切にしてきました。そしてそれを教会学校という具体的なかたちで現してきました。

やがて公生涯を歩み始められたイエス様は、律法学者たちと論争をし、激しい批判をなさいました。しかし、イエス様は聖書そのものを先生から学ぶことを軽んじられたわけではないのです。

「神と人とに愛される」子育てとは、聖書の言葉を子どもたちに教え、聖書から「あなたは神様に愛されているのだ」ということを伝えることです。

教会には子どもたちが与えられています。世界中の教会が子どもたちを大切に育てていく教会となりますように。

1月5日

私は父の家にいる

ルカによる福音書第2章49節

すると、イエスは言われた。「どうしてわたしを捜したのですか。わたしが自分の父の家にいるのは当たり前だということを、知らなかったのですか」。

エルサレムの神殿で礼拝をささげた帰りの道で事件が起こりました。両親は息子のイエスがいないことに気づいたのです。数万人もの人がひしめく大変な混雑の中、「うちの子を見ませんでしたか？」「イエスを見なかったですか？」と、悲鳴のような声をあげながら二人は捜したことでしょう。どれだけの不安と緊張感だったでしょうか。

丸一日の道のりを引き返し、探しましたが見つかりません。ようやく三日後にヨセフとマリアは神殿にいたイエス様を見つけました。どれだけホッとしたでしょうか。同時に、どれだけの怒りがこみ上げてきたことでしょうか。母マリアはカッとなったのでしょう、「なぜこんなことをしてくれたのです。御覧なさい。お父さんもわたしも心配して捜していたのです」と言いました。するとイエス様は言われました。「どうしてわたしを捜したのですか。わたしが自分の父の家にいるのは当たり前だということを、知らなかったのですか」。

しかし、両親にはイエス様の言葉の意味が分かりませんでした。つまりマリアはイエス様を見失った時、そしてイエス様から言い返された時に、どのような経緯でこの子が生まれたのかを忘れてしまっていたのです。この子は神様の子どもなのだという事実を見失っていたのです。子育てをするうちに、自分の子どもであるかのように考えてしまったのです。

確かにイエス様は、マリアの体を通してこの地上にお生まれになりました。しかしイエス様は両親に向かって、「私はあなたがたの子どもではない」「あなたがたの思い通りの人生を歩むことはない」と言われたのです。なぜなら、イエス様の本当の父は神であり、その人生は神のものだからです。

私たちに与えられた子どもたちも神様の子どもです。子どもたちの人生もまた親のものではなく、神様のものです。しかし実際に子育てをしてみると、親は子どもの人生を支配しがちです。「こんなに愛しているのだから」「こんなに面倒を見ているのだから」と、自分の愛に支配が混ざっていることに無自覚になるのです。たくさんの愛情をかけたのだから、自分の願う通りに育ってもらいたいと考えやすいのです。

わが家に子どもが生まれた時に、ある方から「命を預かったのですね」という手紙をもらいました。その時にハッとしました。「ああ、この子の人生は神様のものなのだ。いつか神様にお返ししなければならないのだ」。その日に至るまで、誠実に、忠実に子育てをするのだということを教わったのです。

私たちは、偏差値の高い学校に入れるために子どもを育てているのではありません。将来安定した職業に就かせるために子どもを育てているのでもありません。ましてや、自分の老後の面倒を見てもらうために子どもを育てているのでもありません。

大切なことは、神に愛され、人に愛される子どもになることを願って育てることです。まことの父の家にいる子どもになることを祈り続けることです。

その意味では、子育てに終わりはありません。

1月6日

両親に仕える

ルカによる福音書第2章51節

それから、イエスは一緒に下って行き、ナザレに帰り、両親に仕えてお暮らしになった。母はこれらのことをすべて心に納めていた。

エルサレム神殿での出来事のあと、イエス様はナザレに帰り、「両親に仕えてお暮らしになった」とあります。イエス様は神殿で「自分の父の家にいる」と語られたあと、両親に別れを告げられたのかというと、そうではありませんでした。むしろ両親と一緒に暮らし、仕えられたのです。

次にイエス様が登場されるのはおよそ三十歳の頃です。ですから神殿での出来事のあと約十八年間は両親に仕えられたことになります。

イエス様の宣教の働きが始まってからは、聖書の中に父親のヨセフの名前は一度も出てきません。早くに亡くなったと言われています。また、イエス様は「大工」（マルコ6・3）と言われていますので、父親のヨセフと共に大工仕事をなさっていたのでしょう。またイエス様の下には、ヤコブ、ヨセ、ユダ、シモンという弟たちがいました。妹もいたようです。ですから、父親を早くに失ったあとは、宣教を開始される三十歳頃になるまで、父親に代わって自分が仕事をして母と弟や妹を養われたのです。

イエス様は貧しさの中を生きる人間の苦渋を経験されました。夫を先に送った母の悲しみと不安に、長男として寄り添われました。それだけでなく、弟や妹が独り立ちするまで、家族を食べさせていく責任を担われました。

イエス様は後に、「わたしよりも父や母を愛する者は、わたしにふさわしくない。わたしよりも息子や娘を愛する者も、わたしにふさわしくない」（マタイ10・37）と言われました。しかし、イエス様ご自身は、単純に親やきょうだいを捨ててはおられないのです。むしろ家族を愛し、家族に仕えられました。

イエス様は、神の独り子でありつつ、人間の両親にも仕えられました。神に愛される生き方は、人を愛する生き方であり、人に愛される生き方、とりわけ人に仕える生き方となるのです。

私たちは、洗礼を受けた時からすでに、イエス様と同じ神の子どもです。父なる神の愛を受けながら生きていく者となったのです。父の家でパンを食べ、ぶどう酒を飲み、父に似た者とされていく歩みが始まりました。イエス様の十字架の贖いにより、神の家族に加えてもらいました。

すると、長男であるイエス様が父の家のしきたりを教えてくれます。人生のつらいことや悲しいことを、家に帰ってイエス様に聞いてもらうのです。それを聞いたイエス様は、「分かるよ。私も家族のためにいてきたからね」「家族の問題も分かるよ。私も家族と生きてきたからね」と言ってくださるのです。

新しい年がすでに始まりました。あなたが仕えるべき人は誰でしょうか。両親をすでに天に送っている方もおられるでしょう。さまざまな事情で一緒に過ごすことができなくなっている方もおられるでしょう。

けれども教会には、あなたの神の家族がいます。まだまだ神の家族の風習に慣れておらず、神の家族に迎え入れられる前の生き方が顔を出すかもしれません。しかし、少しずつでよいのです。神と人とに愛される生き方があなたを待っています。聖書の言葉を読みながら、イエス様の声を聞きながら、これからも少しずつ変わっていくのです。

おわりに

ルカによる福音書はこの後、時間がぐっと進みます。ザカリアとエリサベトの子どもが大人になってバプテスマのヨハネとなり登場します。そしてイエス様がこのヨハネから洗礼を受けられ、いよいよ全世界の救い主として表舞台に登場されるのです。

イエス様が洗礼を受けられた時、天から声が聞こえてきました。「あなたはわたしの愛する子、わたしの心に適う者」（ルカ3・22）。

ルカは、この神の言葉がテオフィロにもかけられているということを伝えたかったのです。そして本書の黙想から私たちが一緒に聞いてきたのも、この神の愛の言葉であったでしょう。

この37日間、私たちは御言葉を思い巡らしながら過ごしてきました。しかしこれで止めてはいけません。ルカは福音書に続けて使徒言行録も書きました。その使徒たちによってイエス・キリストの福音が伝えられていった歴史です。その宣教によって、今、福音はあなたのもとへと届けられてきたのです。

古代イスラエルの人々は、救い主が与えられるという約束を信じて苦難の中を生き抜いてきました。その約束が成就したのがクリスマスの出来事でした。

けれども、クリスマスはそれだけでは終わりません。復活し、天に挙げられたイエス・キリストは、もう一度この地上に来てくださると約束してくださいました。神の平和と正義が実現するために。それが私たちにとってのクリスマスの約束です。

この本はクリスマスシーズンに読むことを想定して作りました。けれども、信じることが苦しくなった時、悲しくなった時には、もう一度この本に立ち戻ってきてください。全世界の救い主としてお生まれになったキリストが、今、あなたと共に生きてくださっていることを感じることができるでしょう。

また、今年はお一人で本書を読まれた方には、来年は誰かと一緒に読んでいただきたいと思います。誰かと共に読み、分かち合う中で、自分の物語と聖書の言葉が結び合わされていく経験をなさることでしょう。

＊　＊　＊

私は二十年あまり携わってきた学生伝道の働きを辞すことになり、二〇一九年四月から、埼玉県にある鳩ヶ谷福音自由教会の牧師に就任しました。それ以来、ルカによる福音書の連続講解説教を続けてきました。本書はその説教原稿をもとに一日ごとの黙想の形に編み直したものです。そのため、聖書の章節の順番通りに黙想が続かない日もあります。また、ルカによる福音書に関連した聖書箇所による黙想になったところもあります。いつも食い入るように御言葉に聴き続けてくださる鳩ヶ谷福音自由教会の皆さんに心から感謝をします。

また、この企画を考え、粘り強く執筆を励ましてくれた教文館の髙木誠一さんにも心から感謝をしたいと思います。

いつも原稿を読み、修正点を見つけ出してくれるのは妻です。一番良い説教の聞き手である妻と子どもたちに、この本をささげたいと思います。

二〇一九年秋　鳩ヶ谷にて

大嶋重徳

《著者紹介》

大嶋重徳（おおしま・しげのり）

1974年、京都府福知山市生まれ。京都教育大学、神戸改革派神学校で学ぶ。現在は鳩ヶ谷福音自由教会牧師、キリスト者学生会（KGK）総主事。

著書　『おかんとボクの信仰継承』（いのちのことば社、2013年）、特定秘密保護法に反対する牧師の会編『なぜ「秘密法」に反対か』（共著、新教出版社、2014年）、『若者と生きる教会』（教文館、2015年）、『自由への指針』（教文館、2016年）、『生き方の問題なんだ。』（共著、いのちのことば社、2017年）、『朝夕に祈る 主の祈り』（いのちのことば社、2017年）、『教えてパスターズ!!』（共著、キリスト新聞社、2018年）、『若者に届く説教』（教文館、2019年）。

クリスマスの約束——ルカ福音書による37の黙想

2019年11月10日　初版発行
2019年12月10日　2版発行

著　者　大嶋重徳
発行者　渡部　満
発行所　株式会社　教文館
〒104-0061 東京都中央区銀座4-5-1 電話 03(3561)5549 FAX 03(5250)5107
URL　http://www.kyobunkwan.co.jp/publishing/
印刷所　モリモト印刷株式会社

配給元　日キ販　〒162-0814　東京都新宿区新小川町9-1
電話 03(3260)5670　FAX 03(3260)5637

ISBN978-4-7642-6144-0　　Printed in Japan